KB266701

피 뿌린 옷을 입고
말씀 앞에 머물러라 I

(ὁ λόγος)

피 뿌린 옷을 입고 말씀 앞에 머물러라 Ⅰ

(ὁ λόγος)

이진원 지음

좋은땅

차례

머리말

약 27년 전에 꿈속에서 주님은 제게 '책을 쓰라!'는 말씀을 주신 적이 있었습니다. 처음엔 호기롭게 책을 쓸 것 같았지만 점차 시간이 지나면서 무엇을 써야 할지도 모르겠고 자신감은 점차 하락해 갔습니다. 유명 목사님들의 책을 읽으면 부족함만을 더 절실히 깨닫게 되어 '음매, 기죽어!', '내 주제에 무슨 책을 써?'가 되었습니다. 시간이 점차 지나면서 '책을 쓰라!'는 주님의 말씀은 나와는 상관이 없는 말씀이 되었고 그렇게 말씀을 잊은 채로 살아가게 되었습니다.

그러던 중에 '믿음이란 무엇인가? 구원이란 무엇인가? 신앙생활이란 무엇인가?'에 대해 씨름하던 중에 말씀들을 깨닫게 하셨습니다. 그리고 이것을 더 많은 믿음의 동역자들과 교회에 전해야겠다는 사명이 불타오르게 되었습니다.

지금도 세상에는 종교의 탄압을 받으면서 죽어가는 많은 그리스도인들이 있습니다. 우리는 그들을 순교자라고 부릅니다. 그러나 순교자라고 불리는 그리스도인들을 보면서 '만일 저들이 천국에 가지 못한다면 얼마나 억울할까?'라는 생각을 하게 됩니다. 왜냐하면 참된 신앙생활이 전제가 된 순교가 되어야 하기 때문입니다.

저는 어떻게 하면 이 세대를 함께 살아가는 믿음의 동역자들에게 참된 신앙생활이 무엇인지를 알게 하고, 어떻게 하면 함께 참된 신앙생활을 해 나갈까로 고민하던 중에 책을 쓰고자 하는 마음이 생기게 되었지만 무언가 하나가 빠진 것 같은 것을 느끼고 있었습니다.

저는 2008년부터 '보혈 아카데미'를 통해 존경하는 김양배 목사님으로부터 보혈에 대한 강의를 들으면서 보혈과 말씀에 눈이 떠지게 되었습니다. 그래서 보혈과 말씀이 너무 귀해서 지금까지 '국제 보혈 미니스트리스'를 섬기고 있습니다. 한때는 보혈을 전하는 것을 등한시하기도 했는데 그것은 부활에 초점을 맞추었기 때문이기도 했고, 다른 하나는 보혈을 적용하는 것이었는데 십자가의 보혈이 지금 나와 실질적인 관계가 있어야 하기 때문이었습니다.

천국을 체험하신 분들의 간증을 들어보면 하나같이 강조하는 것이 있었는데 그것은 보혈이었습니다. 또 영성의 깊이가 있는 목사님들이 한결같이 강조하는 것도 보혈이었습니다.

갈등 가운데서 지내던 중에 성령의 감동으로 요한계시록 19장 13절의 말씀이 순간적으로 들어옴으로써, 순간 그림이 그려지게 되었고, 순간 조각조각의 퍼즐들이 하나씩 맞춰져 가는 것이었습니다. 이때 주님께서 이것을 책으로 쓰라는 말씀을 주셔서 글을 쓰는 것입니다.

그저 책꽂이 한편을 차지하는 수많은 책 중에 한 권이고, 먼지만 쌓이는 책이라면 굳이 쓸 필요가 없었을 것입니다. 그저 바른 신앙을 위한 도움이 되었으면 하는 바람일 뿐입니다. 그리고 욕심을 부린다면 평생 옆에 두고 읽는 책이 되었으면 합니다.

하늘의 보좌에는 하나님이 앉아 계시고 보좌 우편에는 부활하신 그리스도께서 하나님을 향해 앉아 계십니다. 지금 부활하신 그리스도는 어떤 모습으로 하고 계시는가 하면은 피 뿌린 옷을 입고 말씀(호 로고스)으로 계십니다.

우리가 그리스도 안에 있다는 것은 피 뿌린 옷을 입고 말씀(호 로고스)앞에 머물면서 말(로고스)을 듣는 것입니다. 이 책을 통해서 그림이 그려지고 이것이 실제가 되어서 피 뿌린 옷을 입고 말씀(호 로고스)앞에 머물면서 말(로고스)을 듣는 동역자들이 되시길 소망합니다.

임마누엘은?

이스라엘(**ישראל**)의 정체성은? 하나님의 자녀이면서 동시에 하나님의 백성입니다.

> **"너희는 너희 하나님 여호와의 자녀이니** 죽은 자를 위하여 자기 몸을 베지 말며 눈썹 사이 이마 위의 털을 밀지 말라/**너는 네 하나님 여호와의 성민이라** 여호와께서 지상 만민 중에서 너를 택하여 자기 기업의 백성으로 삼으셨느니라"(신 14:1-2)

인명(**人名**)으로의 이스라엘(**ישראל**)이라는 이름의 유래는? 야곱이 얍복강에서 하나님과의 씨름(기도)에서 이김으로 하나님으로부터 얻은 야곱의 다른 이름이었습니다.

> "야곱은 홀로 남았더니 어떤 사람이 날이 새도록 **야곱과 씨름하다가**"
> (창 32:24)
> "그가 이르되 네 이름을 다시는 야곱이라 부를 것이 아니요 **이스라엘이라 부를 것이니 이는 네가 하나님과 및 사람들과 겨루어 이겼음이니라**"(창 32:28)

이후에 야곱의 열두 아들로부터 이스라엘 민족이 시작되었습니다. 이스라엘은 야곱 자손의 전체를 가리킵니다.

하나님의 자녀는 기도의 사람입니다. 하나님의 자녀들은 **기도**와는 떼려야 뗄 수 없는 사람들입니다.

또한 **지명(地名)**으로서의 이스라엘 땅은 '**יִשְׂרָאֵל** = 엘 **אֵל**(하나님) + 이스라 **יִשְׂרָ**(싸우다)'인데 '하나님께서 이기게 하시는 자, 하나님과 함께 싸우는 자'라는 의미를 갖습니다.

하나님의 백성은 하나님의 일(Work)하는 사람입니다. 하나님의 백성들은 **일(Work)**하고는 떼려야 뗄 수 없는 사람들입니다.

이를 통해서 알 수 있는 것은 이스라엘은 기도하고 일하는 사람들입니다. 순서상 기도를 먼저 하고 난 다음에 일을 해야 하는 것입니다. 자녀는 아버지와 함께 사는 것이고, 백성은 아버지의 일을 하는 것입니다.

이와 같은 정체성을 가진 유다와 예루살렘의 이스라엘 백성들을 향해 하나님께서는 이사야 선지자를 통해서 말씀하셨습니다.

"여호와께서 말씀하시되 너희의 무수한 제물이 내게 무엇이 유익하뇨 나는 숫양의 번제와 살진 짐승의 기름에 배불렀고 나는 수송아지나 어린 양이나 숫염소의 피를 기뻐하지 아니하노라/**너희가 내 앞에 보이러 오니 이것을 누가 너희에게 요구하였느냐 내 마당만 밟을 뿐이니라**/헛된 제물을 다시 가져오지 말라 분향은 내가 가증히 여기는 바요 월삭과 안식일과 대회로 모이는 것도 그러하니 성회와 아울러 악을 행하는 것을 내가 견디지 못하겠노라/내 마음이 너희의 월삭과 정한 절기를 싫어하나니 그것이 내게 무거운 짐이라 내가 지기에 곤비하였느니라/너희가 손을 펼 때에 내가 내 눈을 너희에게서 가리고 너희가 많이 기도할지라도 내가 듣지 아니하리니 이는 너희의 손에 피가 가득함이라"(사 1:11-15)

한마디로 **제사를 드리러 오지도 말고 기도도 하지 말라**는 것입니다.

여러분! 제사는 오늘날의 예배인데 하나님께서는 하나님의 자녀들에게 예배를 드리러 오지도 말고, 기도도 하지 말라고 하시는 것입니다.

하나님 자녀들의 정체성은 세상 사람들도 다 알고 있습니다. 바로 **예배와 기도의 사람들**입니다. 코로나19 때 욕을 먹어 가면서도 강행한 것이 대면 예배일 정도로 예배드리는 것을 목숨처럼 여기는 것이 하나님의 자녀인데도 말입니다.

여러분 예배하지 않는 하나님의 자녀들과 기도하지 않는 하나님의 자녀들이 상상이 가십니까? 그럼에도 불구하고 하나님께서는 하나님의 자녀들에게 예배드리러 오지도 말고 기도도 하지 못하게 하시는 것은 하나님의 자녀로의 정체성이 완전히 사라지는 것이며, 자녀들에게는 사형선고를 내리는 것과도 같은 것입니다. 이는 이스라엘이라는 이름이 무색하게 된 것입니다.

예배를 드리지 못하는 하나님의 자녀와 기도하지 못하는 하나님의 자녀는 이방인과 다를 것이 전혀 없기 때문입니다.

    피 뿌린 옷을 입고 말씀(호 로고스) 앞에 머물면서 말을 들어라 !

하나님의 자녀들은? 하나님께 나가서 하나님을 섬기는 사람들입니다. 하나님의 자녀들이 하나님께 나가고 방법은 두 가지인데 하나는 예배이고, 다른 하나는 기도입니다. 하나님이 기뻐 받으시는 것이 예배이고 기도인데 오죽하면 하나님께서는 하나님의 자녀들에게 나오지도 말라고 하시겠습니까?

왜 그러실까요? 하나님께서는 하나님의 자녀들이 하나님께 나오기 위해서는 먼저 저들이 해야 할 것을 상기시키고 있습니다.

"너희는 스스로 씻으며 스스로 깨끗하게 하여 내 목전에서 너희 악한 행실을 버리며 행악을 그치고/선행을 배우며 정의를 구하며 학대 받는 자를 도와 주며 고아를 위하여 신원하며 과부를 위하여 변호하라 하셨느니라"(사 1:16-17)

먼저 하나님께서는 자녀들이 성결(聖潔)하여 하나님께로 나오기를 원하셨고, 그리고 하나님의 백성으로서 의(義: **正義와 公義**)를 행하기를 원하셨습니다.

"오직 정의를 물 같이, 공의를 마르지 않는 강 같이 흐르게 할지어다" (암 5:24)

"종신토록 주의 앞에서 성결과 의로 두려움이 없이 섬기게 하리라 하셨도다"(눅 1:75)

　여러분 성결해야지 의를 행할 수 있고 반대로 성결하지 않으면 의를 행할 수가 없는 것입니다.

　하나님께서는 이처럼 성결과 의를 행하지 않는 이스라엘을 향해 말라기 선지자를 통해서 말씀하시기를,

"너희 중에 성전 문을 닫을 자가 있었으면 좋겠도다"(말 1:10)

　하나님께서 하나님의 백성들에게 무엇을 원하시는지를 잘 알 수가 있을 것입니다.

　사도바울은 로마교회에 서신을 보내면서,

*"기록된 바 **의인은 없나니 하나도 없으며**/깨닫는 자도 없고 하나님을 찾는 자도 없고/다 치우쳐 함께 무익하게 되고 선을 행하는 자는 없나니 하나도 없도다"*(롬 3:10-12)

　"의인"은 헬라어로 'δίκαιος'(디카이오스)인데 이 단어의 어원인 'δίκη'(디케)는 '재판정에서 내리는 벌'을 의미합니다. 그래서 의인은? '공의(公義)'를 행하는 자를 의미합니다. 사도바울은 시편의 말씀을 인용하면서 하나님의 의(義)를 나타낼 수 있는 사람이 하나도 없다고 합니다.

*"외모로 판단하지 말고 **공의롭게 판단하라** 하시니라"*(요 7:24)

　피 뿌린 옷을 입고 말씀(호 로고스) 앞에 머물면서 말을 들어라ㅣ

또 하나님께서는 예례미야 선지자를 통해서 말씀하시기를 예루살렘이 멸망당하는 것에 대해서 말씀하고 있습니다.

> "너희는 예루살렘 거리로 빨리 다니며 그 넓은 거리에서 찾아보고 알라 **너희가 만일 정의를 행하며 진리를 구하는 자를 한 사람이라도 찾으면 내가 이 성읍을 용서하리라**"(렘 5:1)

하나님의 백성들은 **하나님의 의(正義와 公義)**를 나타내기 위해서 부름을 받은 자들입니다.

> "내가 그로 그 자식과 권속에게 명하여 **여호와의 도를 지켜 의와 공도를 행하게 하려고 그를 택하였나니** 이는 나 여호와가 아브라함에게 대하여 말한 일을 이루려 함이니라"(창 18:19)

그런데 하나님의 의를 나타내는 사람이 한 사람도 없다는 것입니다.

- 세상에서도 의인(義人)은 많지가 않아서 뉴스거리가 될 정도입니다. 그래서 의인(義人)을 기리고 상을 주는 것입니다. 의인은 자신을 희생하여 다른 사람을 살리는 사람입니다. (利他主義)

성경에서의 의인도 마찬가지로 선(善)을 행하는 것입니다.

*"사랑하는 자여 악한 것을 본받지 말고 **선한 것을 본받으라** 선을 행하는 자는 하나님께 속하고 악을 행하는 자는 하나님을 뵈옵지 못하였느니라"*(요삼 1:11)

"선한 것"은 헬라어로 'ἀγαθός'(아가도스)인데 **'남을 이롭게 하는 것'**을 말합니다. 교회 공동체를 이롭게 하고, 영적으로 죽은 자들을 살리는 것이 선한 것입니다.

하나님의 의를 나타내기 위해서는 **임마누엘** 해야 합니다. 하나님의 자녀들이 성결하고 하나님의 백성들이 의(義)를 나타낼 수 있는 것은 **임마누엘**뿐입니다. 임마누엘로 하나님께 나가 하나님을 섬기고 임마누엘로 하나님의 일을 하는 것입니다. 임마누엘이 안 된 상태에서는 하나님께 나가 하나님을 섬길 수도 없고 하나님의 일을 할 수도 없습니다.

여러분 신앙생활도 임마누엘 하는 것이고, 구원도 임마누엘 하는 것입니다. 임마누엘이면 다 됩니다. 임마누엘이 만사형통(萬事亨通)입니다. 구약성경에서 에녹은 삼백 년을 하나님과 동행(同行)했다고 합니다.

*"므두셀라를 낳은 후 **삼백 년을 하나님과 동행하며** 자녀들을 낳았으며/그는 삼백육십오 세를 살았더라/**에녹이 하나님과 동행하더니** 하나님이 그를 데려가시므로 세상에 있지 아니하였더라"*(창 5:22-24)

   피 뿌린 옷을 입고 말씀(호 로고스) 앞에 머물면서 말을 들어라 I

에녹은 삼백 년을 하나님과 동행하는 임마누엘로 신앙생활을 했기에 구원을 받았다는 것입니다. 에녹에 대한 하나님의 평가는 한 단어로 **동행**(同行)입니다.

한 사람에 대한 하나님의 평가는? '하나님과 동행하였느냐! 하나님과 동행하지 아니하였느냐!'입니다. 이 땅에 태어난 사람은 누구도 예외 없이 인생의 여정을 마치는 때가 옵니다. 한 '사람의 인생 여정이 마쳐질 때에 에녹과 같이 하나님과 동행하였다!'라고 하나님으로부터 인정을 받는다면 그 사람은 이 땅에서 참되고 복된 삶을 산 것입니다.

에녹과 같이 하나님과 동행하는 인생 여정이 되어서 언젠가 여정을 마치는 때에 하나님으로부터 너는 나와 동행하였으니 '잘하였다, 착한 종아'라고 인정을 받는 여러분들이 다 되시기를 기원합니다.

창세기 6장에서도 노아가 하나님과 동행(同行)했다고 합니다.

"이것이 노아의 족보니라 노아는 의인이요 당대에 완전한 자라 그는 하나님과 동행하였으며"(창 6:9)

하나님께서는 하나님과 동행한 노아를 의인이요, 완전한 자라고 하셨습니다. **[동행(同行) = 의인(義人) = 완전한 자(完全/Perfect)]** 하나님과 동행(同行)하는 사람이 의인(義人)이며, 완전(Perfect)한 사람입니다.

여러분 완전하신 하나님께서는 완전한(Perfect) 사람을 원하십니다.

"그러므로 하늘에 계신 너희 아버지의 온전하심과 같이 너희도 온전
하라"(마 5:48)

그렇다면 완전한(Perfect) 사람은 어떤 사람일까요? 과연 이 세상에서
는 완전한(Perfect) 사람이 있을까요? 없을까요?

먼저 '성경이 말하는 완전(Perfect)이란 무엇인가?'를 알아야 합니다.
성경에서의 완전은 도덕적인 완전을 말하는 것이 아닙니다. 성경에서
의 완전(온전)이란? 하나님의 말씀을 듣고 그 말씀에 순종하는 것을 완
전이라고 합니다.

"아브람이 구십구 세 때에 여호와께서 아브람에게 나타나서 그에게
이르시되 나는 전능한 하나님이라 **너는 내 앞에서 행하여 완전하라**"
(창 17:1)

또 성경에서의 의인(義人)이란? 하나님의 말씀을 듣고 그 말씀에 순
종함으로서 하나님의 의(義)를 나타내는 사람을 의인이라고 합니다.

"우리 조상 아브라함이 그 아들 이삭을 제단에 바칠 때에 **행함으로
의롭다 하심을 받은 것이 아니냐**"(약 2:21)

노아는 하나님의 말씀을 듣고 그 말씀에 순종해서 말씀 그대로 방주
를 만들었습니다.

　　"노아가 그와 같이 하여 **하나님이 자기에게 명하신 대로 다 준행였
　　더라**"(창 6:22)
　　"노아가 **여호와께서 자기에게 명하신 대로 다 준행하였더라**"(창
　　7:5)

　노아가 하나님의 말씀에 순종해서 방주를 완성했을 때 하나님께서는
물로 세상을 심판하셨습니다. 하나님께서 심판하실 때 노아와 그의 가
족들만 방주에 들어가게 하셔서 그들만 구원을 받게 하셨습니다.

　　"옛 세상을 용서하지 아니하시고 **오직 의를 전파하는 노아와 그 일
　　곱 식구를 보존하시고 경건하지 아니한 자들의 세상에 홍수를 내리
　　셨으며**"(벧후 2:5)
　　"그들은 전에 노아의 날 방주를 준비할 동안 하나님이 오래 참고 기다
　　리실 때에 복종하지 아니하던 자들이라 **방주에서 물로 말미암아 구
　　원을 얻은 자가 몇 명뿐이니 겨우 여덟 명이라**"(벧전 3:20)

　베드로 사도는 구원을 얻은 사람이 **겨우 여덟 명**이라고 합니다. 노아
가 살던 당시에도 세상에는 지금처럼 많은 사람들이 살았을 것이고, 그
중에는 지금처럼 신앙생활을 했던 많은 사람들이 있었을 것입니다. 그
런데도 겨우 여덟 명만이 구원을 받았다는 것이 상식적으로는 도무지
이해가 가지 않을 것입니다.
　그러나 구원이 하나님과의 **동행(의인 = 완전)**이라는 것을 알았다면

이해가 쉽게 갈 것입니다. 왜냐하면 하나님과 동행한다는 것이 보통의 결단만으로는 어렵기 때문입니다.

예수를 믿는 신도라면 처음에는 하나님과 동행하려고 애를 씁니다. 그러나 점차 시간이 지나면서 열정은 점점 식어져 가게 되고 하나님을 찾는 횟수도 줄고 어느샌가 남남처럼 지내게 됩니다. 남녀가 서로 뜨겁게 사랑하다가 헤어지고 난 후에 어쩌다가 길에서 마주치기라도 하면 고개를 돌리며 모르는 채 지나가게 되는 것처럼 말입니다.

예수님께서는 이런 에베소 교회를 향해 말씀하시기를 회개하여 **처음 사랑을 회복**하라고 하셨습니다.

> *"그러나 너를 책망할 것이 있나니* **너의 처음 사랑을 버렸느니라/그러므로 어디서 떨어졌는지를 생각하고 회개하여 처음 행위를 가지라** *만일 그리하지 아니하고 회개하지 아니하면 내가 네게 가서 네 촛대를 그 자리에서 옮기리라"*(계 2:4-5)

처음 사랑을 회복하는 것은? 첫사랑 때를 회상하면서 다시 처음으로 돌아가 사랑한다면 첫사랑은 회복될 것입니다. 첫사랑의 회복은 간단합니다. 자주 만나고 오랜 시간을 함께하면 됩니다. 누구나 자신의 첫사랑 때를 회상하면 될 것입니다.

- 성령으로 세례를 받은 사람은 누구나 성령으로 세례를 받았을 때의 처음 사랑을 기억할 것입니다. 저의 처음 사랑은 주님께서 항

  피 뿌린 옷을 입고 말씀(호 로고스) 앞에 머물면서 말을 들어라 |

상 옆에 계셨고 단둘이서만 일상에서 교제(대화)를 나누는 것이었습니다. 그러면서 하루하루를 주님과의 만남을 고대하며 지내는 것이었습니다.

하나님께서는 왜 이토록 동행(임마누엘)을 강조하시는가? 입니다. 하나님께서는 아담(사람)을 임마누엘 하도록 지으셨기 때문입니다.

"여호와 하나님이 땅의 흙으로 사람을 지으시고 생기를 그 코에 불어넣으시니 사람이 생령이 되니라"(창 2:7)

"**사람**"은 히브리어로 'הָאָדָם'(하아담)인데 '하 הַ(관사) + 아담 אָדָם(사람) = 그 사람(특별한 사람)'으로 **하나님과 관계를 맺는 사람**을 말합니다.

"**생기**"는 히브리어로 'בְּאַפָּיו נִשְׁמַת'(베아파우 니쉬마트)입니다.

'בְּאַפָּיו'(베아파우)는 '베 בְּ(전치사) + 아파우 אַפ(코)'로 전치사 'בְּ'(베)는 '집'이라는 전치사입니다. 'נִשְׁמַת'(니쉬마트)는 '숨'이라는 말입니다.

이는 '숨이 코를 통해서 배로 들어간다'는 것으로서, 이 의미는 '**영이신 하나님이 인간 안에 들어오셔서 집을 만드시고 계신다**'는 것입니다.

우리가 코로 숨을 깊게 들이마시면 아랫배(단전)에 이르게 됩니다.

"**생령**"은 히브리어로 'לְנֶפֶשׁ'(레네페쉬)입니다. 'לְנֶפֶשׁ'(레네페쉬)는 '레 לְ(전치사) + 네페쉬 נֶפֶשׁ(혼)' = **하나님과 관계를 맺는 살아 있는 혼**

이 되었다는 것입니다.

이것은 **영이신 하나님이 아담 안에 들어오셔서 집을 지으시고 관계를 맺는다는 것**입니다.

실제 에덴동산에서 하나님은 아담과 동행하셨습니다.

> "그들이 그 날 바람이 불 때 **동산에 거니시는** 여호와 하나님의 소리를 듣고 아담과 그의 아내가 여호와 하나님의 낯을 피하여 동산 나무 사이에 숨은지라"(창 3:8)

"**거니시는**"의 히브리어는 'הָלַךְ'(할라크)로 '함께 걷다(동행)'로 아담이 하나님과 동행한 것을 보여줍니다.

1. 임마누엘이란?

(1) 'עִמָּנוּאֵל'(임마누엘)은 히브리어로 구약성경 이사야서에 두 번 쓰였다

> "그러므로 주께서 친히 징조를 너희에게 주실 것이라 보라 처녀가 잉태하여 아들을 낳을 것이요 그의 이름을 **임마누엘이라** 하리라"(사 7:14)

> "흘러 유다에 들어와서 가득하여 목에까지 미치리라 **임마누엘이여**

 피 뿌린 옷을 입고 말씀(호 로고스) 앞에 머물면서 말을 들어라 l

그가 펴는 날개가 네 땅에 가득하리라 하셨느니라"(사 8:8)

(2) 'Ἐμμανουήλ'(임마누엘)은 신약성경에서는 한 번 쓰였다

"보라 처녀가 잉태하여 아들을 낳을 것이요 그의 이름은 **임마누엘이
라** 하리라 하셨으니 이를 번역한즉 **하나님이 우리와 함께 계시다** 함
이라"(마 1:23)

(3) 'עִמָּנוּאֵל'(임마누엘)의 뜻은?

'임 **עִמָּ**(with) + 마누 **נוּ**(us) + 엘 **אֵל**(God)'로 '하나님이 우리와 함께
하신다(God with us)'라는 말입니다.

2. 이사야서에서 임마누엘이 쓰인 배경

이스라엘이 남 유다와 북이스라엘로 분단된 국가로 살아갈 때 남 유
다의 아하스 왕이 다스리는 유다를 북이스라엘의 베가 왕과 아람(수리
아)의 왕 르신이 연합을 해서 침략을 했습니다.

"웃시야의 손자요 요담의 아들인 **유다의 아하스 왕 때에** 아람의 르
신 왕과 르말리야의 아들 이스라엘의 베가 왕이 올라와서 **예루살렘
을 쳤으나 능히 이기지 못하니라**"(사 7:1)

이때 하나님께서는 두려워 떨고 있는 아하스 왕에게 이사야 선지자를 보내어 말씀하셨습니다. 북이스라엘의 베가 왕과 아람의 왕 르신을 두려워하지 말고 낙심하지도 말라고 하셨습니다.

> "그에게 이르기를 너는 삼가며 조용하라 르신과 아람과 르말리야의 아들이 심히 노할지라도 **이들은 연기 나는 두 부지깽이 그루터기에 불과하니 두려워하지 말며 낙심하지 말라**"(사 7:4)

하나님께서는 비록 북이스라엘의 베가 왕과 아람의 왕 르신이 남 유다를 침략했지만 그들이 계획한 일이 이루어지지 않게 해 주겠다고 아하스 왕에게 말씀하셨습니다.

> "주 여호와의 말씀이 **그 일은 서지 못하며 이루어지지 못하리라**"
> (사 7:7)

하나님께서는 유다 아하스 왕에게 언약해 주시면서 아하스 왕에게 걱정하지 말라고 하셨습니다. 그러면서 하나님께서 언약하신 것에 대한 징조를 구하라고 하셨습니다. 이렇게까지 하나님께서는 아하스 왕에게 그 징조를 구하면 그 징조를 보여 주시겠다고 하였지만 아하스 왕은 징조 구하기를 거부합니다.

> "아하스가 이르되 **나는 구하지 아니하겠나이다** 나는 여호와를 시험

 피 뿌린 옷을 입고 말씀(호 로고스) 앞에 머물면서 말을 들어라 l

하지 아니하겠나이다 한지라"(사 7:12)

아하스 왕의 대답은 나는 여호와를 시험하지 않겠다는 것입니다.

여러분들은 징조를 구하는 것이 좋은 신앙일까요? 아니면 징조를 구하지 않는 것이 좋은 신앙일까요? 하나님께서는 분명 징조를 구하라고 하셨습니다. 그렇다면 징조를 구하는 것이 **좋은 신앙**인 것입니다.

▣ 기드온이 구한 양털의 징조

"기드온이 하나님께 여쭈되 주께서 이미 말씀하심 같이 내 손으로 이스라엘을 구원하시려거든/보소서 내가 양털 한 뭉치를 타작 마당에 두리니 만일 이슬이 양털에만 있고 주변 땅은 마르면 주께서 이미 말씀하심 같이 내 손으로 이스라엘을 구원하실 줄을 내가 알겠나이다 하였더니/그대로 된지라 이튿날 기드온이 일찍이 일어나서 양털을 가져다가 그 양털에서 이슬을 짜니 물이 그릇에 가득하더라/기드온이 또 하나님께 여쭈되 주여 내게 노하지 마옵소서 내가 이번만 말하리이다 구하옵나니 내게 이번만 양털로 시험하게 하소서 원하건대 양털만 마르고 그 주변 땅에는 다 이슬이 있게 하옵소서 하였더니/그 밤에 하나님이 그대로 행하시니 곧 양털만 마르고 그 주변 땅에는 다 이슬이 있었더라"(삿 6:36-40)

사실 징조 구하기를 거절한 아하스 왕의 믿음이 엄청 좋은 것 같지만

실상은 하나님이 아닌 당시 최강대국인 **앗수르를 의지**하고 있었기 때문입니다.

> "아하스가 **앗수르 왕 디글랏 빌레셀에게 사자를 보내 이르되** 나는 왕의 신복이요 왕의 아들이라 이제 아람 왕과 이스라엘 왕이 나를 치니 청하건대 올라와 그 손에서 나를 구원하소서 하고/아하스가 여호와의 성전과 왕궁 곳간에 있는 은금을 내어다가 앗수르 왕에게 예물로 보냈더니"(왕하 16:7-8)

하나님의 백성이 하나님이 아닌 세상을 의지하고 있었던 것입니다.

하나님께서는 친히 징조를 보여 주시겠다고 하시면서 하나님의 아들이신 예수님을 임마누엘로 보내 주시겠다고 언약하셨습니다. 이는 무엇을 말하는 것일까요? 이사야서 7장 4절과 7절의 말씀이 이루어지는 것은 임마누엘이 될 때 하나님의 말씀이 이루어져서 승리할 수 있다는 것입니다. 이를 통해서 알 수가 있는 것은 하나님께서 얼마나 하나님의 백성들과 임마누엘로 함께하시기를 원하시는지를 알 수가 있을 것입니다.

또 이사야서 8장 8절에서도 임마누엘 단어가 나옵니다.

> "흘러 유다에 들어와서 가득하여 목에까지 미치리라 **임마누엘이여** 그가 펴는 날개가 네 땅에 가득하리라 하셨느니라"(사 8:8)

 피 뿌린 옷을 입고 말씀(호 로고스) 앞에 머물면서 말을 들어라 I

원어 성경을 보면 임마누엘 단어는 중간이 아닌 맨 끝에 쓰여 있습니다.

וְחָלַף בִּיהוּדָה שָׁטַף וְעָבַר עַד־צַוָּאר יַגִּיעַ וְהָיָה מֻטּוֹת כְּנָפָיו מְלֹא רֹחַב־אַרְצְךָ עִמָּנוּ אֵל

그래서 이 구절의 말씀은 다음과 같이 번역되어야만 합니다. '흘러 유다에 들어와서 가득하여 목에까지 미치리라 그가 펴는 날개가 네 땅에 가득하리라 하셨느니라 **임마누엘**'로 말입니다.

이 말씀의 의미는 지금 이 절체절명의 위기에서 살아날 길은 **임마누엘**밖에 없다는 것을 강조하는 것입니다.

3. 히브리어 'עִמָּנוּאֵל'(임마누엘)과 동의어로 쓰이는 헬라어는?

히브리어 임마누엘과 동의어로 쓰이는 헬라어에는 파루시아가 있고 엔 크리스토가 있습니다.

'עִמָּנוּאֵל'(임마누엘) = 'παρουσία'(파루시아) = 'ἐν Χριστῷ'(엔 크리스토)가 있습니다.

(1) 'παρουσία'(파루시아)는?

마태복음 24장 37절에 "임함"이라는 단어가 나옵니다.

*"노아의 때와 같이 인자의 **임함도** 그러하리라"*(마 24:37)

"임함"의 헬라어는 '**παρουσία**'(파루시아)라는 단어입니다.

'**παρουσία**'(파루시아) = 파라 **παρα**(~옆에/beside) + 우시아 **ουσία**(계신다)로 '파루시아'는 주님께서 우리 옆에 계시는 것을 말합니다.

우리가 보는 개역 개정 성경은 '**강림**'으로 많이 번역되어 있어서 예수 그리스도의 재림으로 밖에 알 수가 없지만 재림을 말하는 것이 아닙니다.

*"그러므로 형제들아 주께서 **강림하시기까지** 길이 참으라 보라 농부가 땅에서 나는 귀한 열매를 바라고 길이 참아 이른 비와 늦은 비를 기다리나니/너희도 길이 참고 마음을 굳건하게 하라 주의 **강림이 가까우니라**"*(약 5:7-8)

"강림"의 헬라어는 '**παρουσία**'(파루시아)입니다.

"가까우니라"의 헬라어는 '**ἤγγικεν**'(엥기켄)인데 **현재 완료시제**로 쓰여서 '이미 오셨다'는 것입니다. 인자이신 예수님께서 언제쯤 '**παρουσία**'(파루시아)가 될지 모른다는 것입니다.

*"홍수 전에 노아가 방주에 들어가던 날까지 **사람들이 먹고 마시고 장가 들고 시집 가고 있으면서**"*(마 24:38)

 피 뿌린 옷을 입고 말씀(호 로고스) 앞에 머물면서 말을 들어라 I

사람들은 '**παρουσία**'(파루시아)에는 관심이 없다는 것입니다. 오직 사람들의 관심은 먹고 마시는 것에만 있고 시집가고 장가가는 것에만 관심이 있다는 것입니다.

여러분은 '**παρουσία**'(파루시아)에 관심이 있으십니까? 처음 듣는 말씀이라면 지금부터라도 반드시 '**παρουσία**'(파루시아)에 관심을 가져야 합니다. 그리고 '**παρουσία**'(파루시아)를 하시면 됩니다.

(2) 'ἐν Χριστῷ'(엔 크리스토)는?

사도바울은 그리스도 안에 있으라고 합니다.

> *"그런즉 누구든지 **그리스도 안**에 있으면 새로운 피조물이라 이전 것은 지나갔으니 보라 새 것이 되었도다"(고후 5:17)*

"**그리스도 안에**"는 '**ἐν Χριστῷ**'(엔 크리스토) = 엔 ἐν(in) + 크리스토 Χριστῷ로 그리스도 안(In)에 있다는 것은 그리스도 안으로 들어가서 **그리스도와 내가 하나**가 되는 것입니다. 이것은 예수님께서 하나님 아버지와 하나가 된 것같이 우리도 그리스도와 하나가 되는 것입니다.

> *"아버지여, 아버지께서 내 안에, 내가 아버지 안에 있는 것 같이 그들도 다 하나가 되어 우리 안에 있게 하사 세상으로 아버지께서 나를 보내신 것을 믿게 하옵소서"(요 17:21)*

그리스도 안에 있다는 것은 그리스도 안으로 들어가서 사는 것이고, 그리스도께서 내 안에 사시는 것입니다.

> "내가 그리스도와 함께 십자가에 못 박혔나니 **그런즉 이제는 내가 사는 것이 아니요 오직 내 안에 그리스도께서 사시는 것이라** 이제 내가 육체 가운데 사는 것은 나를 사랑하사 나를 위하여 자기 자신을 버리신 하나님의 아들을 믿는 믿음 안에서 사는 것이라"(갈 2:20)

• 세례요한이 광야(지성소)에 머물렀던 것은? 여호와의 길을 예비하기 위함입니다.

> "아이가 자라며 심령이 강하여지며 이스라엘에게 나타나는 날까지 **빈 들에 있으니라**"(눅 1:80)

"빈들"의 헬라어는 'ἔρημος'(에레모스)인데 '광야'입니다. 빈들은 지성소를 상징합니다.

> "외치는 자의 소리여 이르되 **너희는 광야에서 여호와의 길을 예비하라** 사막에서 우리 하나님의 대로를 평탄하게 하라"(사 40:3)

• 우리가 그리스도 안에 있어야 하는 것도 부활하신 그리스도의 길을 예비하기 위함입니다.

"그가 모든 사람을 대신하여 죽으심은 살아 있는 자들로 하여금 다시는 그들 자신을 위하여 살지 않고 **오직 그들을 대신하여 죽었다가 다시 살아나신 이를 위하여 살게 하려 함이라**"(고후 5:15)
"내가 그리스도와 함께 십자가에 못 박혔나니 **그런즉 이제는 내가 사는 것이 아니요 오직 내 안에 그리스도께서 사시는 것이라** 이제 내가 육체 가운데 사는 것은 나를 사랑하사 나를 위하여 자기 자신을 버리신 하나님의 아들을 믿는 믿음 안에서 사는 것이라"(갈 2:20)

부활하신 그리스도의 길을 예비하기 위해서는 우리의 몸($\sigma\tilde{\omega}\mu\alpha$[소마])을 드려야 합니다.

"그러므로 형제들아 내가 하나님의 모든 자비하심으로 너희를 권하노니 **너희 몸을 하나님이 기뻐하시는 거룩한 산 제물로 드리라** 이는 너희가 드릴 영적 예배니라"(롬 12:1)

4. 임마누엘로 오신 예수님

(1) 인자(人子: 사람의 아들)이신 예수님은 이 땅에서 하나님과 임마누엘로 함께하셨다

예수님은 인자로서 하나님과의 임마누엘을 보여 주셨습니다.

**"아버지여, 아버지께서 내 안에, 내가 아버지 안에 있는 것 같이 그
들도 다 하나가 되어 우리 안에 있게 하사 세상으로 아버지께서 나를
보내신 것을 믿게 하옵소서"**(요 17:21)

인자이신 예수님은 하나님과의 임마누엘을 위해 끊임없이 하나님께
나가셨습니다.

**"새벽 아직도 밝기 전에 예수께서 일어나 나가 한적한 곳으로 가사
거기서 기도하시더니"**(마 1:35)
**"예수께서 나가사 습관을 따라 감람 산에 가시매 제자들도 따라갔
더니"**(눅 22:39)

■ 임마누엘의 본질은?

우리의 몸 안에 거하시는 영(靈)이신 하나님을 세상에 보이는 것
입니다.

**"예수께서 이르시되 빌립아 내가 이렇게 오래 너희와 함께 있으되 네
가 나를 알지 못하느냐 나를 본 자는 아버지를 보았거늘 어찌하여
아버지를 보이라 하느냐"**(요 14:9)

인자이신 예수님은 임마누엘을 통해 들은 하나님의 말씀을 끊임없
이 세상에 드러내셨습니다.

 피 뿌린 옷을 입고 말씀(호 로고스) 앞에 머물면서 말을 들어라!

"내가 너희에게 대하여 말하고 판단할 것이 많으나 나를 보내신 이가 참되시매 **내가 그에게 들은 그것을 세상에 말하노라** 하시되"
(요 8:26)

(2) 인자(人子)이신 예수님은 공생애 동안 제자들과 임마누엘 하셨다

"이에 **열둘을 세우셨으니 이는 자기와 함께 있게 하시고** 또 보내사 전도도 하며"(막 3:14)
"너희는 나의 모든 시험 중에 **항상 나와 함께 한 자들인즉**"(눅 22:28)

예수님께서는 제자들과 임마누엘 하신 것은 제자들을 하나님 아버지께 나가게 하시기 위한 것입니다.

"이에 말씀하시되 내 마음이 매우 고민하여 죽게 되었으니 너희는 여기 머물러 **나와 함께 깨어 있으라** 하시고"(마 26:38)

(3) 부활하신 그리스도께서는 지금 구원받은 그리스도인들 안에서 임마누엘 하신다

"**말씀이 육신이 되어 우리 가운데 거하시매** 우리가 그의 영광을 보니 아버지의 독생자의 영광이요 은혜와 진리가 충만하더라"(요 1:14)

부활하신 그리스도께서는 그리스도인들 안에서 임마누엘로 하나님 아버지께 나가게 합니다.

"내 살을 먹고 내 피를 마시는 자는 내 안에 거하고 나도 그의 안에 거하나니"(요 6:56)

5. 임마누엘과 구원

임마누엘이 구원입니다. 아버지를 떠나 살던 아들이 아버지 집으로 돌아와서 아버지와 함께 사는 것입니다.

"이 내 아들은 **죽었다가 다시 살아났으며** 내가 잃었다가 다시 얻었노라 하니 그들이 즐거워하더라"(눅 15:24)

"**죽었다가**"의 헬라어는 'νεκρός'(네크로스)로 '영적인 죽음으로 하나님을 떠나 사는 것'을 말합니다. "**살았으니**"의 헬라어는 'άναζάω'(아나자오)입니다.

'아나자오 άναζάω' = 아나 άνα(위에[하나님 나라]) + 자오 ζάω(살다/Alive)입니다.

하나님이 계시는 하나님 나라에서 아버지와 함께 사는 것이 구원입니다.

   피 뿌린 옷을 입고 말씀(호 로고스) 앞에 머물면서 말을 들어라 I

• 부흥은 'ἀναζάω'(아나자오)입니다.

진정한 부흥은 하나님 나라에서 하나님과 함께 사는 것입니다.

"여호와여 내가 주께 대한 소문을 듣고 놀랐나이다 **여호와여 주는 주의 일을 이 수년 내에 부흥하게 하옵소서** 이 수년 내에 나타내시옵소서 진노 중에라도 긍휼을 잊지 마옵소서"(합 3:2)

오늘날 교회의 문제는 교회의 부흥은 사라지고 그 자리를 교회의 성장이 자리하게 되었습니다. 교회의 성장이 교회의 부흥으로 둔갑이 된 것입니다. 속히 교회는 교회의 본질인 부흥으로 돌아가야 합니다.

▣ 하나님이 기뻐하실 때는?

① 하나님의 자녀가 되었을 때 기뻐하십니다.

"이 네 동생은 죽었다가 살아났으며 내가 잃었다가 얻었기로 **우리가 즐거워하고 기뻐하는 것이 마땅하다 하니라**"(눅 15:32)

② 하나님의 자녀에서 아들이 되었을 때 기뻐하십니다.

"예수께서 세례를 받으시고 곧 물에서 올라오실새 하늘이 열리고 하나님의 성령이 비둘기 같이 내려 자기 위에 임하심을 보시더니/하늘로부터 소리가 있어 말씀하시되 **이는 내 사랑하는 아들이요 내 기뻐하**

는 자라 하시니라"(마 3:16-17)

③ 하나님의 아들로서 아버지의 일을 할 때 기뻐하십니다.

"나를 보내신 이가 나와 함께 하시도다 나는 항상 그가 기뻐하시는
일을 행하므로 나를 혼자 두지 아니하셨느니라"(요 8:29)

6. 임마누엘과 성령세례의 관계

임마누엘이 되기 위해서는 성령세례를 받아야 합니다.

"누구든지 그리스도와 합하기 위하여 *세례*를 받은 자는 그리스도로
옷 입었느니라"(갈 3:27)

"세례"는 헬라어로 'ἐβαπτίσθητε'(에밥티스데테)인데 **Aorist시제/수
동태**로 쓰여서 순간적으로 성령으로 충만해지는 것입니다. 이는 성령
으로 세례를 받은 것을 말합니다.
　누구든지 **그리스도 안으로** 들어가려면 성령으로 세례를 받아야 한다
는 것입니다.

◼ *Aorist(아오리스트)시제란?*

Aorist(아오리스트)시제는 순간적으로 생각지 않게 일어나는 것으로 살아 계신 하나님께서는 Aorist(아오리스트)시제로 **일하십니다.**

Aorist(아오리스트)**시제는** 고대 그리스어에서 사용되었던 시제로 오늘날에는 사용하지 않는 시제입니다.

구약에서도 Aorist(아오리스트)**시제와** 같은 시제가 있는데 '**와우전환 미완료**'라고 합니다.

(1) 출애굽한 이스라엘 백성들은 홍해를 건너 광야로 들어갔다

1) 홍해에서 성령으로 세례를 받았습니다

"모세에게 속하여 다 구름과 바다에서 세례를 받고"(고전 10:2)

"**세례**"는 헬라어로 'βαπτίζω'(밥티조)로 **Aorist시제/수동태**로 쓰여서 순간적으로 세례(충만)가 되어진 것입니다. 이스라엘 백성들은 홍해에서 성령으로 세례를 받은 것입니다.

2) 광야는 지성소에 들어가는 것입니다

*"너희는 방향을 돌려 홍해 길을 따라 **광야로 들어갈지니라 하시매**"*

(신 1:40)

"광야"는 히브리어로 מִדְבָּר(미드바르)라고 합니다.

מִדְבָּר(미드바르)는 '미 מִ(나라) + 드바르 דְבַר(말씀) = 말씀의 나라'로 **'말씀이 있는 곳'**이 광야라는 의미입니다.

① **'하나님의 말씀'**은 히브리어로 דָּבָר(다바르)라고 하고, **'지성소'**는 히브리어로 דְבִיר(데비르)라고 하는데 모두 어근이 같습니다.

② 이를 통해서 알 수가 있는 것은? **광야는 '지성소이고 하나님의 말씀'**이 있는 곳입니다.

광야는 '하나님의 임재가 있고, 하나님의 말씀이 있는 곳'입니다.

■ 지성소는 하나님과 우리가 만나는 곳입니다

① 지성소는 **Meeting** 장소입니다.

"거기서 내가 너와 만나고 속죄소 위 곧 증거궤 위에 있는 두 그룹 사이에서 내가 이스라엘 자손을 위하여 네게 명령할 모든 일을 네게 이르리라"(출 25:22)

② 지성소는 **골방**입니다.

"너는 기도할 때에 네 골방에 들어가 문을 닫고 은밀한 중에 계신 네 아버지께 기도하라 은밀한 중에 보시는 네 아버지께서 갚으시리라"

(마 6:6)

피 뿌린 옷을 입고 말씀(호 로고스) 앞에 머물면서 말을 들어라 !

③ 지성소는 신랑이신 그리스도께서 신부를 위해 예비한 **신혼 방**입
니다.

*"왕이 나를 그의 방으로 이끌어 들이시니 너는 나를 인도하라 우리가 너
를 따라 달려가리라 우리가 너로 말미암아 기뻐하며 즐거워하니 네 사랑
이 포도주보다 더 진함이라 처녀들이 너를 사랑함이 마땅하니라"*(아 1:4)

신랑 되시는 그리스도께서는 신부 된 그리스도인들을 지성소로
이끄십니다.

(2) 성전에서 제사장이 성소(지성소)로 나가기 위해서는 번제 단에서 물두멍을 지나야 한다

성전에서 지성소로 나가는 과정을 보면 다음과 같습니다.

◆ 번 제단 ⇒ 물두멍 ⇒ 두 기둥(야긴과 보아스) ⇒ 성소 ⇒ 지성소

여기서 물두멍은 성령세례를 상징하는데 제사장은 성령세례를 받아
야지 성소(지성소)에 들어갈 수 있습니다.

*"우리가 마음에 뿌림을 받아 악한 양심으로부터 벗어나고 몸은 맑은 물
로 씻음을 받았으니 참 마음과 온전한 믿음으로 하나님께 나아가자"*
(히 10:22)

아무리 제사장이라 할지라도 성령세례를 받지 못하면 성소에 들어갈 수가 없는 것입니다.

7. 성령과 광야

하나님 아버지께서는 예수님을 이 세상에 보내셨습니다.

"나는 아노니 이는 **내가 그에게서 났고 그가 나를 보내셨음이라** 하시니"(요 7:29)
"내가 하늘에서 내려온 것은 내 뜻을 행하려 함이 아니요 **나를 보내신 이의 뜻을 행하려 함이니라**"(요 6:38)

하나님 아버지 안에 예수님이 계셨습니다.

"내가 행하거든 나를 믿지 아니할지라도 그 일은 믿으라 그러면 너희가 아버지께서 내 안에 계시고 **내가 아버지 안에 있음을 깨달아 알리라** 하시니"(요 10:38)

하나님 아버지 안에 계신 예수님은 오직 하나님 아버지의 영광을 나타내셨습니다.

"예수께서 이 말씀을 하시고 눈을 들어 하늘을 우러러 이르시되 아버지여 때가 이르렀사오니 아들을 영화롭게 하사 **아들로 아버지를 영화롭게 하게 하옵소서**"(요 17:1)

- 아들이신 예수님은 하나님 아버지를 영화(榮華: 빛나게 함)롭게 하시고 우리를 하나님 아버지께로 인도하시는 분이십니다.

하나님 아버지께서 예수님을 보내셨듯이 예수 그리스도께서는 성령을 보내 주셨습니다.

"하나님이 오른손으로 예수를 높이시매 **그가 약속하신 성령을 아버지께 받아서 너희가 보고 듣는 이것을 부어 주셨느니라**"(행 2:33)

그리스도 안에 성령이 계셨습니다.

"이는 **그리스도 예수 안에 있는 생명의 성령의 법이** 죄와 사망의 법에서 너를 해방하였음이라"(롬 8:2)

그리스도 안에 계신 성령은 예수 그리스도의 영광을 나타내시는 분이십니다.

"그가 내 영광을 나타내리니 내 것을 가지고 너희에게 알리시겠음

이라”(요 16:14)

- 성령은 예수 그리스도를 영화(榮華: 빛나게 함)롭게 하시고 우리를 예수 그리스도께로 인도하시는 분이십니다.

“그러나 진리의 성령이 오시면 그가 너희를 모든 진리 가운데로 인도하시리니 그가 스스로 말하지 않고 오직 들은 것을 말하며 장래 일을 너희에게 알리시리라”(요 16:13)

- 성령은 우리를 그리스도께로 인도하시는 분이시고 그리스도는 우리를 하나님 아버지께로 인도하시는 분이십니다.

또한 성령은 보혜사(保惠師)로 우리와 함께하십니다.

“내가 아버지께 구하겠으니 그가 또 다른 보혜사를 너희에게 주사 영원토록 너희와 함께 있게 하리니”(요 14:16)

“보혜사”는 헬라어로 **‘παράκλητος’**(파라클레토스)로 ‘파라 **παρά**(옆에) + 칼레오 **καλέω**(부름받은 자)’로 ‘곁에서 돕는 자’로 누군가를 돕기 위해 곁으로 부름받은 자를 뜻합니다.

성령은 지금도 광야(지성소)로 곧 보좌 우편에 앉아 계신 그리스도께 나아가도록 도우시는 분이십니다.

 피 뿌린 옷을 입고 말씀(호 로고스) 앞에 머물면서 말을 들어라 Ⅰ

"지금 우리가 하는 말의 요점은 이러한 대제사장이 우리에게 있다는 것이라 그는 하늘에서 지극히 크신 이의 보좌 우편에 앉으셨으니"
(히 8:1)

(1) 성령은 예수님도 광야로 이끌고 가셨다

성령은 성령세례를 받으신 예수님을 광야로 이끌고 가셨습니다.

"그 때에 **예수께서 성령에게 이끌리어** 마귀에게 시험을 받으러 **광야로 가사**"(마 4:1)

또한 예수님을 공생애 기간에도 광야로 나가게 하셨습니다.

"새벽 아직도 밝기 전에 예수께서 **일어나 나가** 한적한 곳으로 가사 거기서 기도하시더니"(막 1:35)
"예수께서 들으시고 배를 타고 떠나사 **따로 빈 들에 가시니** 무리가 듣고 여러 고을로부터 걸어서 따라간지라"(마 14:13)

"**한적한 곳, 빈들**"은 모두 **광야**(ἔρημος/에레모스)를 말합니다.
35절에 "**일어나, 나가, 가사**", 13절에 "**가시니**"는 모두 **Aorist**시제로 순간적으로 생각지 않게 성령께서 광야로 나가게 하셨고 예수님께서는 순종하셔서 광야로 나가신 것입니다.

(2) 성령은 우리를 광야로 데리고 가신다

"곧 성령으로 나를 데리고 광야로 가니라 내가 보니 여자가 붉은 빛 짐승을 탔는데 그 짐승의 몸에 하나님을 모독하는 이름들이 가득하고 일곱 머리와 열 뿔이 있으며"*(계 17:3)*

*"가니라"*의 헬라어는 'ἀποφέρω'(아포페로)인데 '끌고가다, 데려가다'는 뜻입니다. **Aorist시제**로 쓰여서 순간적으로 생각지 않게 성령께서 광야로 데려가실 때 순종해서 가야 하는 것을 보여줍니다.

8. 우리의 한계

비록 우리는 하나님의 자녀라고는 하지만 하나님 아버지께 직접 나갈 수가 없는 한계를 지니고 있습니다.

(1) 우리는 직접 하나님께 나갈 수 없다

우리는 예수님을 통해서만 하나님께 나갈 수 있습니다.

*"예수께서 이르시되 내가 곧 길이요 진리요 생명이니 **나로 말미암지 않고는 아버지께로 올 자가 없느니라**"*(요 14:6)

 피 뿌린 옷을 입고 말씀(호 로고스) 앞에 머물면서 말을 들어라 !

"**말미암지**"는 헬라어로 '**διά**'(디아)인데 '**소유격**'으로 쓰여서 '통하여(Through)'로 번역이 되어야 합니다. 곧 예수님을 통해서만 하나님께 나갈 수 있는 것입니다. 예수님은 하나님께 나가는 길이 되십니다. 예수님을 통하지 않고서는 어느 누구도 하나님께 나갈 수 없습니다.

(2) 우리의 신분은 제사장(만인 제사장)입니다

> "너희도 산 돌 같이 신령한 집으로 세워지고 예수 그리스도로 말미암아 하나님이 기쁘게 받으실 신령한 제사를 드릴 **거룩한 제사장이 될지니라**"*(벧전 2:5)*

제사장은 지성소에 들어갈 수가 없습니다. 오직 대제사장만이 일 년에 한 번 들어갈 수가 있습니다.

> "오직 둘째 장막은 **대제사장이 홀로 일 년에 한 번 들어가되** 자기와 백성의 허물을 위하여 드리는 피 없이는 아니하나니"*(히 9:7)*

우리의 신분은 제사장(만인 제사장)으로 대제사장 되시는 그리스도를 통해서만 하나님께 나갈 수 있습니다.

> "그러므로 **우리에게 큰 대제사장이 계시니 승천하신 이 곧 하나님의 아들 예수시라** 우리가 믿는 도리를 굳게 잡을지어다"*(히 4:14)*

(3) 우리에게는 아직 죄성(罪性: 죄악된 본성)이 있다

죄성(罪性)은? 죄를 짓게 하는 본성입니다.

사람은 누구나 아담으로부터 물려받은 죄성을 가지고 태어나서 살게 됩니다.

> "아담은 백삼십 세에 **자기의 모양 곧 자기의 형상과 같은 아들을 낳아** 이름을 셋이라 하였고"(창 5:3)

우리의 육신(肉身)은 죄악되고 부패한 본성의 지배를 받게 됩니다.

> "**육체의 소욕은 성령을 거스르고 성령은 육체를 거스르나니** 이 둘이 서로 대적함으로 너희가 원하는 것을 하지 못하게 하려 함이니라" (갈 5:17)

그래서 예수 그리스도를 통해서 하나님께 나가야 합니다.

> "우리 주 예수 그리스도로 말미암아 하나님께 감사하리로다 그런즉 **내 자신이 마음으로는 하나님의 법을 육신으로는 죄의 법을 섬기노라**"(롬 7:25)

회개(悔改)란? 뉘우치고 고치는 것입니다.

(1) 세례요한은 이스라엘 백성들에게 광야에서 '회개하라!'고 선포합니다

*"세례 요한이 광야에 이르러 죄 사함을 받게 하는 **회개의 세례를 전 파하니**"(막 1:4)*

*"외치는 자의 소리여 이르되 **너희는 광야에서 여호와의 길을 예비하 라** 사막에서 우리 하나님의 대로를 평탄하게 하라"(사 40:3)*

세례요한은 광야에서 이스라엘 백성들을 향해 회개하라! 곧 **광야(지 성소)로 들어가라**고 하는 것입니다.

(2) 예수님께서도 공생애를 시작하시면서 '하나님 나라가 가까이 왔으 니 회개하라!'고 하셨다

"회개하라 천국이 가까이 왔느니라 하였으니"(마 3:2)

회개하고 천국 곧 하나님 나라에 들어가라는 것입니다.

*"율법과 선지자는 요한의 때까지요 그 후부터는 **하나님 나라의 복음***

이 전파되어 사람마다 그리로 침입하느니라"*(눅 16:16)*

"**하나님 나라**"는 헬라어로 'ἡ βασιλεία τοῦ Θεοῦ'(헤 바실레이아 투 데우)입니다. "**나라**"는 헬라어로 'βασιλεία'(바실레이아)로 '**왕국/Kingdom**'을 말하는 것입니다. 왕국(王國)은 왕이 다스리고 통치하는 나라입니다. 하나님 왕국에 들어간다는 것은 왕이신 그리스도의 다스림과 통치를 받으려고 들어가는 것입니다. 만약 왕이신 그리스도의 다스림과 통치받는 것을 거부한다면 하나님 왕국에 들어가려고 해서도 안 되고 또한 들어갈 수도 없습니다.

"그런데 그 백성이 그를 미워하여 사자를 뒤로 보내어 이르되 우리는 **이 사람이 우리의 왕 됨을 원하지 아니하나이다** *하였더라"*(눅 19:14)

예수님께서 말씀하시는 하나님 왕국(천국)은 현재적인 하나님 나라로 왕이신 그리스도의 다스림과 통치를 받는 것을 말합니다.

• 하나님 왕국(王國)의 왕이신 그리스도께서는 말(로고스)로서 다스리시고 통치하십니다. 왕이신 그리스도의 다스림과 통치를 받는다는 것은 왕의 말을 듣고 순종하는 것입니다.

 피 뿌린 옷을 입고 말씀(호 로고스) 앞에 머물면서 말을 들어라 |

10. 임마누엘에 대해 오해하는 것

우리가 흔히 임마누엘에 대해서 오해하는 것이 있습니다. 임마누엘로 우리와 함께하시기 위해 오신 예수님을 주와 그리스도로 영접하였기에 예수님이 나와 함께하신다고 우리는 믿습니다. 아마도 예수님께서 나와 함께하지 않는다고 생각하는 그리스도인들은 하나도 없을 것입니다.

예수님의 유년 시절 유월절 절기에 따라 부모 형제 친척들과 함께 예루살렘 성전에 올라가셨다가 집으로 돌아가실 때의 일입니다.

> "그 날들을 마치고 돌아갈 때에 **아이 예수는 예루살렘에 머무셨더라 그 부모는 이를 알지 못하고/동행 중에 있는 줄로 생각하고** 하룻길을 간 후 친족과 아는 자 중에서 찾되"(눅 2:43-44)

예수님께서는 예루살렘 성전에 남아 계셨음에도 불구하고 부모 형제 친척들은 당연히 예수님이 함께하는 줄 알고 있었습니다. 그러나 예수님께서 함께하지 않으시다는 것을 하루가 지나서 알게 되었던 것입니다.

왜 이런 일이 일어났을까요? 예수님을 찾지 않았기 때문입니다.

마찬가지로 예수님과 임마누엘로 함께하기 위해서는 내가 먼저 예수님을 찾아가야 합니다. 성경은 우리가 먼저 주님께 나갈 때 주님이 우리와 함께 하신다고 분명히 말씀하고 있습니다.

"내 안에 거하라 나도 너희 안에 거하리라 가지가 포도나무에 붙어 있지 아니하면 스스로 열매를 맺을 수 없음 같이 너희도 내 안에 있지 아니하면 그러하리라"(요 15:4)

내가 예수님을 찾아가지 않았다면 예수님은 나와 함께하고 있지 않으신 것입니다. 예수님을 찾아가지 않았다면 나는 예수님을 잃어버린 것입니다.

비록 이를 깨닫고 예수님을 찾아서 갔지만 예수님을 만나지 못했다면 예수님은 나와 함께 하고 있지 않는 것입니다. 예수님을 만날 때까지 찾아가고 또 찾아가서 만나야 하는 것입니다.

마치 불의한 재판관을 번거롭게 하는 과부처럼 말입니다.

"이르시되 **어떤 도시에 하나님을 두려워하지 않고 사람을 무시하는 한 재판장이 있는데**/그 도시에 한 과부가 있어 자주 그에게 가서 내 **원수에 대한 나의 원한을 풀어 주소서 하되**/그가 얼마 동안 듣지 아니하다가 후에 속으로 생각하되 내가 하나님을 두려워하지 않고 사람을 무시하나/**이 과부가 나를 번거롭게 하니 내가 그 원한을 풀어 주리라 그렇지 않으면 늘 와서 나를 괴롭게 하리라** 하였느니라/주께서 또 이르시되 불의한 재판장이 말한 것을 들으라/하물며 하나님께서 그 밤낮 부르짖는 택하신 자들의 원한을 풀어 주지 아니하시겠느냐 그들에게 오래 참으시겠느냐"(눅 18:2-7)

 피 뿌린 옷을 입고 말씀(호 로고스) 앞에 머물면서 말을 들어라 |

과부는 불의한 재판관을 날마다 찾아가 번거롭게 해서 원한을 풀었듯이, 우리 또한 과부처럼 예수 그리스도를 찾아간다면 예수님은 분명 우리와 함께하실 것입니다.

▣ 사울 왕

사울 왕이 하나님께 물으러(Ask) 나갔습니다.

> **"사울이 하나님께 묻자오되 내가 블레셋 사람들을 추격하리이까** 주께서 그들을 이스라엘의 손에 넘기시겠나이까 하되 **그 날에 대답하지 아니하시는지라"**(삼상 14:37)
> **"사울이 여호와께 묻자오되** 여호와께서 꿈으로도, 우림으로도, 선지자로도 **그에게 대답하지 아니하시므로"**(삼상 28:6)

사울 왕은 하나님께 나가서 구하지만(Ask) 하나님께서는 사울 왕을 만나 주지 않으셨습니다. 그렇다면 사울 왕은 어떻게 해야 했습니까? 하나님께서 만나 주실 때까지 하나님께 나가야 했습니다. 그러나 사울 왕은 하나님께 나가는 것을 포기하고 신접한 여인(무당)을 찾아갑니다.

> **"사울이 그의 신하들에게 이르되 나를 위하여 신접한 여인을 찾으라 내가 그리로 가서 그에게 물으리라** 하니 그의 신하들이 그에게 이르되 보소서 엔돌에 신접한 여인이 있나이다"(삼상 28:7)

임마누엘은 하나님이 기뻐하시는 일을 행하기 위해 하나님의 말씀을 들으러 나가는 것입니다.

"나를 보내신 이가 나와 함께 하시도다 **나는 항상 그가 기뻐하시는 일을 행하므로 나를 혼자 두지 아니하셨느니라**"(요 8:29)

하나님이 기뻐하시는 것은 한 가지입니다. 예수님은 이 한 가지 일을 행하셨다고 합니다.

"예수께서 대답하여 이르시되 **내가 한 가지 일을 행하매** 너희가 다 이로 말미암아 이상히 여기는도다"(요 7:21)

한 가지 일은? **하나님의 말씀을 듣고 그대로 행하는 것입니다.** 우리의 부르심은 거창한 것이 아닙니다. 바로 '**일꾼**'으로의 부름입니다.

"사람이 마땅히 **우리를 그리스도의 일꾼이요** 하나님의 비밀을 맡은 자로 여길지어다/그리고 맡은 자들에게 구할 것은 충성이니라"(고전 4:1-2)

"**일꾼**"은 헬라어로 'ὑπηρέτης'(휘페레테스)입니다.

'ὑπηρέτης'(휘페레테스) = 휘페르 ὑπέρ(~아래) + 에레테스 ἐρέτης (노 젓는 자)'의 합성어로 '**배 밑에서 노 젓는 자**'라는 의미입니다.

- 영화 〈**벤허**〉를 보면, 주인공이 노예가 되어서 발에는 족쇄가 채워진 채 배 밑에서 북소리에 맞춰 노를 젓는 것을 보았을 것입니다. '일꾼'은 북소리에 맞춰서 노를 젓는 자인 것처럼 우리는 절대 하나님의 말씀을 듣고서 그 명령에 따라서만 일하는 자들입니다.

- 우리의 부름은 **일벌**로의 부르심과 같습니다. 일벌처럼 일하다가 죽는 것입니다.

- 일벌 초기: 청소하고, 유충을 기르는 일을 한다.
- 일벌 중기: 집짓기와 보수, 꿀과 화분을 받아서 저장하고, 경비(도둑벌/말벌)의 일을 한다.
- 일벌 말기: 밖으로 나가서 먹이(꿀과 화분)를 채집하는 일을 하다가 날개가 해져 죽게 된다.

하나님 아버지께서 예수님을 기뻐하시는 것은? 한 가지 일 곧 하나님 아버지의 음성을 듣고 그대로 행하시기 때문입니다.

"내가 너희에게 대하여 말하고 판단할 것이 많으나 나를 보내신 이
가 참되시매 **내가 그에게 들은 그것을 세상에 말하노라** 하시되"
(요 8:26)

"이에 예수께서 이르시되 너희가 인자를 든 후에 내가 그인 줄을 알
고 또 **내가 스스로 아무 것도 하지 아니하고 오직 아버지께서 가르
치신 대로 이런 것을 말하는 줄도 알리라**"*(요 8:28)*

예수님께서는 임마누엘의 삶을 사셨습니다. 이것이 우리가 왜 임마누
엘을 해야 하는지를 보여 주는 것입니다.

12. 애매한 성경 번역의 문제

애매한 성경 번역이 성경 말씀을 오해하게 합니다.

우리가 보는 성경 말씀은 진리입니다. 그래서 우리는 성경 말씀을 진
리로 믿고 성경 구절을 한 자도 틀리지 않게 암송하기까지도 합니다. 그
러나 성경의 말씀은 진리이지만 성경 원문이 각 나라의 언어로 번역되
면서 언어도 다르고 문화도 다르며 또 신학적인 교리(敎理)를 가진 번
역자들이 교리에 맞춰서 번역하기에 성경 원문과는 조금의 차이가 있
음을 염두하고 성경을 대해야 합니다. 그러면 다른 번역본들에 대해서
도 열린 마음으로 보게 될 것입니다. 할 수만 있으면 원문 성경과 다른
번역본들을 많이 참고해서 보시기를 바랍니다.

 피 뿌린 옷을 입고 말씀(호 로고스) 앞에 머물면서 말을 들어라 I

"우리가 살아도 **주를 위하여** 살고 죽어도 **주를 위하여** 죽나니 그러므로 사나 죽으나 우리가 **주의 것이로다**"(롬 14:8)

이 성경 구절은 누구나 암송하고 이와 같은 살기를 원하는 구절입니다. **"주를 위하여"**는 헬라어로 'τῷ κυρίῳ'(토 퀴리오)인데 **여격명사**로 쓰여서 **주님을 따라서**로 번역이 되어야 함에도 **주를 위하여**로 번역이 되었습니다. 우리는 이 말씀에 따라서 이제는 살아도 주를 위하여 살고 죽어도 주를 위하여 죽겠다고 비록 작심삼일(作心三日)에 불과하지만 수없이 결단을 합니다.

우리 주변에 두 주먹을 불끈 쥐면서 이제는 '**살아도 주를 위하여 살고 죽어도 주를 위하여 죽겠나이다**'라고 선포하며 결단하는 사람들을 보면서 그렇지 못한 자신과 비교하면서 부럽기까지도 합니다.

그러나 **살아도 주를 따라서 살고 죽어도 주를 따라서 살겠다**고 하면 연약해 보이고, 무언가 부족해 보이기도 하고, 믿음이 없는 것처럼 보이기도 합니다.

'**위하여**' 신앙이 위험한 것은 순간순간의 감정의 기복에 따라서 변한다는 것입니다. 때로는 이렇게 하는 것이 주님을 위하는 것이라고 하며, 때로는 이렇게 하는 것이 주님을 기쁘시게 하는 것이라고 하며, 때로는 이렇게 하는 것이 주님을 섬기는 것이라고 하면서 순간순간마다 바뀐다는 것입니다.

"사람들이 너희를 출교할 뿐 아니라 때가 이르면 무릇 너희를 죽이는

*자가 생각하기를 **이것이 하나님을 섬기는 일이라 하리라**"(요 16:2)*

초대교회에 사도바울은 유대인들이 보기에는 변절자이고 이단입니다. 그래서 그들은 사도바울을 죽이는 것이 하나님을 위하는 것이라고 하여 사도바울을 죽이려고 합니다.

*"날이 새매 유대인들이 당을 지어 맹세하되 바울을 죽이기 전에는 먹지도 아니하고 마시지도 아니하겠다 하고/이같이 동맹한 자가 사십여 명이더라/대제사장들과 장로들에게 가서 말하되 **우리가 바울을 죽이기 전에는 아무 것도 먹지 않기로 굳게 맹세하였으니**"(행 23:12-14)*

그들이 하려고 하는 일은 하나님을 위하여 목숨을 내놓고 하는 것입니다. 과연 사도바울을 죽이는 것이 하나님을 원하시는 것일까요?

성경의 번역 하나가 임마누엘로 하나님의 일을 하는 것이 아니라 주님의 뜻과는 상관없는 '주를 위하는' 것이라고 여기며 일한다는 것입니다. 그러면서 자신을 최고의 신앙인으로 여긴다는 것입니다.

• 주님을 자신의 집으로 영접한 이후에 마르다와 마리아가 한 행동은?

*"**마르다는 준비하는 일이 많아 마음이 분주한지라** 예수께 나아가 이르되 주여 내 동생이 나 혼자 일하게 두는 것을 생각하지 아니하시나이까 그를 명하사 나를 도와 주라 하소서"(눅 10:40)*

 피 뿌린 옷을 입고 말씀(호 로고스) 앞에 머물면서 말을 들어라 I

*"그에게 마리아라 하는 동생이 있어 **주의 발치에 앉아 그의 말씀을 듣더니**"(눅 10:39)*

마르다는 주를 위해 바쁘게 일을 하는데 동생 마리아는 한가하게 주의 발치에 앉아 있습니다. 열심히 일하는 마르다가 보기에는 동생 마리아는 게으르고 놀고 있는 것처럼 보일 뿐입니다.

- 예수님에 대한 예수님 동생들의 생각은?
  예수님의 동생들은 예수님이 갈릴리의 작은 촌 동네에서 사역하시는 것이 아니라 큰 도시인 예루살렘에 올라가 사역해서 자신을 드러내 명예를 얻으라고 합니다.

"그 형제들이 예수께 이르되 당신이 행하는 일을 제자들도 보게 여기를 떠나 유대로 가소서/스스로 나타나기를 구하면서 묻혀서 일하는 사람이 없나니 이 일을 행하려 하거든 자신을 세상에 나타내소서 하니/이는 그 형제들까지도 예수를 믿지 아니함이러라"(요 7:3-5)

그러나 예수님께서는 내 때가 아직 이르지 않았다고 하셨습니다.

"예수께서 이르시되 내 때는 아직 이르지 아니하였거니와 너희 때는 늘 준비되어 있느니라"(요 7:6)

"**때**"는 헬라어로 '**καιρός**'(카이로스)인데 '**하나님의 때**'를 가리킵니다. 예수님께서는 이 땅에서 철저하게 하나님의 때를 위해 사셨습니다.

또 예수님께서는 이스라엘의 3대 명절인 초막절을 앞두고 동생들에게 예루살렘으로 올라가라고 하시면서 예수님께서는 갈릴리에 머무셨습니다.

> *"너희는 명절에 올라가라* 내 때가 아직 차지 못하였으니 **나는 이 명절에 아직 올라가지 아니하노라/이 말씀을 하시고 갈릴리에 머물러 계시니라"**(요 7:8-9)

그리고 나서 예수님도 예루살렘으로 올라가셨습니다.

> "이 **말씀을 하시고** 갈릴리에 **머물러 계시니라/**그 형제들이 명절에 올라간 후에 자기도 **올라가시되** 나타내지 않고 은밀히 가시니라"
> (요 7:9-10)

"**말씀을 하시고, 머물러 계시니라, 올라가시되**"는 모두 Aorist시제로 쓰여서 순간적으로 하나님이 주시는 말씀을 듣고 머무르라고 하시니까 순종해서 갈릴리에 머무셨던 것이고, 올라가라고 하시니까 순종해서 예루살렘으로 올라가시는 것입니다.

• 우리는 오직 그리스도만을 따르는 자들입니다.

 피 뿌린 옷을 입고 말씀(호 로고스) 앞에 머물면서 말을 들어라 l

"하늘에 있는 군대들이 희고 깨끗한 세마포 옷을 입고 백마를 타고
그를 따르더라"*(계 19:14)*

호수 위에 떠 있는 오리는 우리가 보기에는 너무나도 평화로워 보입니다.

그러나 오리는 물속에서 발을 계속해서 움직이기 때문에 우리가 보기에는 평온해 보이는 것입니다.

마찬가지로 우리도 평온한 삶을 살기 위해서는 오리처럼 끊임없이 임마누엘 해야 합니다. 이때 평온하고 행복하게 살게 되는 것입니다.

성경에서 가장 **이상적이고 평온(평화)한 시기**는 사사시대였습니다.

*"그 날에 모압이 이스라엘 수하에 굴복하매 **그 땅이 팔십 년 동안 평온하였더라"***(삿 3:30)*
*"여호와여 주의 원수들은 다 이와 같이 망하게 하시고 주를 사랑하는 자들은 해가 힘 있게 돋음 같게 하시옵소서 하니라 **그 땅이 사십 년 동안 평온하였더라"***(삿 5:31)*

사사시대는 이스라엘 백성들이 하나님과 임마누엘로 함께했던 시대였기 때문에 평온(평화)하게 살았던 것입니다. 그들은 하나님의 말씀을 듣고 성령의 인도를 받으면서 자기 소견에 옳은 대로 살았던 것입니다.

*"그 때에는 이스라엘에 왕이 없었으므로 사람마다 **자기 소견에 옳은 대로 행하였더라**"*(삿 17:6)

- 어떤 목사는 십일조를 해야 한다고 하고, 어떤 목사는 십일조를 하면 안 된다고 합니다. 그러면 우리보고 어떻게 하라는 말입니까? 그리스도께 나가서 물어보면 됩니다. 주님께서 하라고 말씀하시면 하면 되고, 하지 말라고 하시면 안 하면 됩니다.

 피 뿌린 옷을 입고 말씀(호 로고스) 앞에 머물면서 말을 들어라 l

임마누엘이 되려면
어떻게 해야 하는가?

1. 임마누엘이 되려면 먼저 성령세례(성령으로 충만)를 받아야 한다

성령세례(성령으로 충만)를 받지 못하면 임마누엘이 되지 않습니다.

"누구든지 그리스도와 합하기 위하여 세례를 받은 자는 그리스도로 옷 입었느니라"(갈 3:27)

"세례"는 헬라어로 'ἐβαπτίσθητε'(에밮티스데테)인데 **Aorist시제/수동태**로 쓰여서 순간적으로 생각지 않게 세례를 받는 것입니다. 이는 성령세례(성령으로 충만)를 받는 것을 말합니다.

성령으로 세례를 받고 그리스도 안으로(임마누엘) 들어가는 사람은 그리스도로 옷을 입은 것입니다.

• 솔로몬의 성전에서 제사장이 지성소로 나가는 과정을 보면 쉽게 알 수가 있습니다.

◆ 번 제단 ⇒ 물두멍 ⇒ 두 기둥(야긴과 보아스) ⇒ 성소 ⇒ 지성소
로 들어가게 됩니다.

반드시 번 제단에서 물두멍을 통과해야지 성소와 지성소로 들어가
게 됩니다.

(1) 성령세례(성령으로 충만)를 받기 위해서는 먼저 언약(言約)의 말씀을 믿어야 한다

*"사도와 함께 모이사 그들에게 분부하여 이르시되 예루살렘을 떠나지 말고 **내게서 들은 바 아버지께서 약속하신 것을 기다리라**/요한은 물로 세례를 베풀었으나 **너희는 몇 날이 못되어 성령으로 세례를 받으리라** 하셨느니라"(행 1:4-5)*

① 하나님께서 언약하신 것은 반드시 주신다는 것입니다.
② 하나님께서 언약하신 것을 받기 위해서는 우리는 기도해야 합니다.

• 하나님에게는 '**당연히**'라는 것은 없습니다. 하나님께서 언약하셨으니까 당연히 해 주시겠지! 이런 생각을 하고 계신다면 빨리 생각을 바꾸셔야 합니다. 감나무 밑에 누워서 감 떨어질 때까지 기다리면 안 됩니다.

아무리 하나님께서 언약하셨을지라도 우리는 그 언약이 이루어지도록 기도해야 합니다.

"주 여호와께서 이같이 말씀하셨느니라 **그래도 이스라엘 족속이 이같이 자기들에게 이루어 주기를 내게 구하여야 할지라** 내가 그들의 수효를 양 떼 같이 많아지게 하되"(겔 36:37)

- 많은 신자들이 하나님으로부터 약속(응답)을 받습니다. 하나님으로부터 약속을 받았을 때는 너무 기뻐 뛰면서 간증을 하기도 합니다. 그러나 시간이 지나면서 하나님의 약속은 더디어지고, 이루어질 기미는 보이지도 않고, 그러면서 서서히 약속을 잊은 채 살아가게 됩니다. 이젠 하나님의 약속은 '받았었었지~~~'로 과거형이 되어 버립니다.

  그리고 기도도 하지 않게 되면서 하나님의 약속은 공수표로 끝나 버리고 맙니다.

(2) 언약의 말씀을 믿으면 기도로 이어져야 한다

예수님의 열한 제자들을 포함한 백이십 문도들은 성령세례(성령으로 충만)를 받기 위해 다락방에 모여서 오로지 기도에 힘씁니다.

"들어가 **그들이 유하는 다락방으로 올라가니** 베드로, 요한, 야고보, 안드레와 빌립, 도마와 바돌로매, 마태와 및 알패오의 아들 야고보, 셀롯인 시몬, 야고보의 아들 유다가 다 거기 있어"(행 1:13)
"여자들과 예수의 어머니 마리아와 예수의 아우들과 더불어 **마음을 같이하여 오로지 기도에 힘쓰더라**"(행 1:14)

 피 뿌린 옷을 입고 말씀(호 로고스) 앞에 머물면서 말을 들어라 |

그들의 기도 제목은 오직 하나였습니다. 언약하신 **'성령세례(성령으로 충만)를 받게 해 달라'**는 것입니다.

(3) 기도는 언약하신 것을 받을 때까지 죽기 살기로 기도해야 한다

거머리처럼 달라붙어서 죽기 살기로 기도해야 합니다.

*"**거머리에게는 두 딸이 있어 다오 다오 하느니라** 족한 줄을 알지 못하여 족하다 하지 아니하는 것 서넛이 있나니"(잠 30:15)*

온통 생각은 성령세례를 받는 것으로 가득 차 있어야 하고, 생각은 기도로 연결이 되어야만 합니다.

"쉬지 말고 기도하라"(살전 5:17)

◪ 기도의 모범

① 갈멜 산에서 기도하는 엘리야

*"엘리야는 우리와 성정이 같은 사람이로되 그가 **비가 오지** 않기를 간절히 **기도한즉** 삼 년 육 개월 동안 땅에 **비가 오지** 아니하고/다시 **기도하니** 하늘이 비를 주고 땅이 열매를 **맺었느니라**"(약 5:17-18)*

*"엘리야가 아합에게 이르되 올라가서 먹고 마시소서 **큰 비 소리가 있나이다**/아합이 먹고 마시러 올라가니라 엘리야가 갈멜 산 꼭대기*

로 올라가서 **땅에 꿇어 엎드려 그의 얼굴을 무릎 사이에 넣고**/그
의 사환에게 이르되 올라가 바다쪽을 바라보라 그가 올라가 바라보
고 말하되 아무것도 없나이다 **이르되 일곱 번까지 다시 가라**"(왕상
18:41-43)

"꿇어 엎드려, 얼굴을 무릎 사이에 넣고"는 '와우전환 미완료'로 쓰
여서 하나님께서 순간적으로 엘리야가 꿇어 엎드리어 기도하게 하
시고, 얼굴을 무릎 사이에 넣고 간절하게 기도하게 하신 것입니다.

② 겟세마네 동산에서 기도하는 예수님

"또 그들을 두시고 나아가 세 번째 같은 말씀으로 기도하신 후"(마
26:44)

"같은 말씀으로"는 헬라어로 'τòν αύτòν λόγον'(톤 아우톤 로곤)
으로 **'하나님이 주신 그 말씀으로'**라는 말입니다. 예수님께서는 하
나님께서 십자가를 지라고 하신 것이 하나님의 뜻이 맞는지 땀이
핏방울 같이 되도록 기도하셨던 것입니다.

"예수께서 힘쓰고 애써 더욱 간절히 기도하시니 **땀이 땅에 떨어지는
핏방울 같이 되더라**"(눅 22:44)

2. 깨어 있어야 한다

예수님께서는 모든 사람들을 향해 "깨어 있으라!"고 명령을 하셨습니다.

> *"깨어 있으라 내가 너희에게 하는 이 말은 모든 사람에게 하는 말이니라 하시니라"*(막 13:37)

"깨어 있으라"의 헬라어는 'γρηγορέω'(그레고레오)로 영어 번역 성경이 번역을 잘해 놓았는데, 영어로 'Watch'입니다. 'Watch'는 '바라보다, 지켜보다'라는 뜻인데 **명령형/현재시제**로 쓰여 **'Watching'**이 되어야 합니다.

예수님께서는 모든 사람들은 항상 바라보라고 명령하셨는데 도대체 무엇을 항상 바라보라고 하시는 것일까요?

예수님께서 항상 바라보라고 명령하신 것은 **하나님을 항상 바라보라**는 것입니다.

우리가 항상 하나님을 바라보기 위해서는 예수님과 함께해야만 합니다.

> *"이에 말씀하시되 내 마음이 매우 고민하여 죽게 되었으니 너희는 여기 머물러 **나와 함께 깨어 있으라** 하시고"*(마 26:38)

깨어 있는 것은 예수님과 함께 하나님을 바라보는 것입니다.

(1) 임마누엘로 깨어 있어야 합니다

마태복음 24장 37절과 39절에서는 "인자의 임함도 그러하리라"고 합니다.

> "노아의 때와 같이 인자의 **임함도** 그러하리라"(마 24:37)
> "홍수가 나서 그들을 다 멸하기까지 깨닫지 못하였으니 인자의 **임함도** 이와 같으리라"(마 24:39)

"**임함**"은 헬라어로 'παρουσία'(파루시아)입니다.

'παρουσία'(파루시아) = 파라 **παρα**(옆에/beside) + 우시아 **ουσία**(계신다)로 'παρουσία'(파루시아)는 주님께서 옆에 계시는 것(임재하심)입니다.

그리고 나서 42절에서 바로 깨어 있으라고 합니다.

> "그러므로 **깨어 있으라** 어느 날에 **너희 주가 임할는지** 너희가 알지 못함이니라"(마 24:42)

이는 예수님이 'παρουσία'(파루시아)로 언제 임할지를 모르기 때문에 깨어 있으라는 것입니다.

(2) 마태복음은 3장에 걸쳐서 '깨어 있으라!'고 명령한다

깨어 있는 것이 그만큼 중요하기 때문에 마태복음 24장, 25장, 26장까지 3장에 걸쳐서 연속적으로 깨어 있으라고 강조하는 것입니다.

> "그러므로 **깨어 있으라** 어느 날에 너희 주가 임할는지 너희가 알지 못함이니라"(마 24:42)
>
> "그런즉 **깨어 있으라** 너희는 그 날과 그 때를 알지 못하느니라"(마 25:13)
>
> "이에 말씀하시되 내 마음이 매우 고민하여 죽게 되었으니 너희는 여기 머물러 나와 함께 **깨어 있으라** 하시고"(마 26:38)

1) 깨어 있어야 구원을 받기 때문입니다

> "그 때에 두 사람이 밭에 있으매 한 사람은 데려가고 한 사람은 버려둠을 당할 것이요/두 여자가 맷돌질을 하고 있으매 한 사람은 데려가고 한 사람은 버려둠을 당할 것이니라"(마 24:40-41)

① 세상에서 일을 할 때에도 깨어 있는 사람만이 구원을 받게 됩니다.

② 비록 교회에서 함께 일한다고 할지라도 깨어 있는 사람만이 구원을 받을 수 있습니다.

• 요한계시록의 7 교회 중 사데 교회에 주님께서 말씀하셨습니다.

"그러므로 네가 어떻게 받았으며 어떻게 들었는지 생각하고 지켜
회개하라 만일 일깨지 아니하면 내가 도둑 같이 이르리니 어느 때에
네게 이를는지 네가 알지 못하리라"(계 3:3)

"네가 어떻게 받았으며 어떻게 들었는지 생각하고"는 네가 어떻게
구원을 받았으며 어떻게 하나님의 음성을 들었느냐 **깨어 있을 때**
가 아니냐고 하시는 것입니다.

우리는 이처럼 **깨어 있어야 구원을 받고 하나님의 음성을 듣게 됩**
니다.

2) <u>깨어 있어야 성령으로 충만하게 되기 때문입니다</u>

열 처녀들이 할 일은 신랑이 올 때에 등을 밝혀서 신랑을 맞으러 나
가는 것입니다. 그래서 열 처녀들은 등과 기름을 준비해야 했습니
다. 그러나 슬기로운 다섯 처녀는 등과 기름을 준비했지만, 미련한
다섯 처녀는 등만 준비하고 기름을 준비하지 않았습니다.

"슬기 있는 자들은 **그릇에 기름을 담아 등과 함께 가져갔더니"**(마 25:4)
"미련한 자들은 **등을 가지되 기름을 가지지 아니하고"**(마 25:3)

① 성령으로 충만해야지 혼인 잔치에 참여하게 됩니다.

기름을 준비한 것은 성령으로 충만한 것을 상징합니다.

 피 뿌린 옷을 입고 말씀(호 로고스) 앞에 머물면서 말을 들어라 I

"슬기 있는 자들은 **그릇에 기름을 담아 등과 함께 가져갔더니**"(마 25:4)

"그들이 사러 간 사이에 신랑이 오므로 준비하였던 자들은 함께 **혼인**

잔치에 들어가고 문은 닫힌지라"(마 25:10)

② 성령을 소멸하면 혼인 잔치에 참여하지 못합니다.

기름을 준비하지 않은 것은 성령을 소멸(消滅)한 것을 상징합니다.

"미련한 자들은 **등을 가지되 기름을 가지지 아니하고**"(마 25:3)

"그 후에 남은 처녀들이 와서 이르되 **주여 주여 우리에게 열어 주소**

서/대답하여 이르되 진실로 너희에게 이르노니 내가 너희를 알지 못

하노라 하였느니라"(마 25:11-12)

"알지 못하노라"에서 "알지"의 헬라어는 '**οἶδα**'(오이다)인데 '지식으로

아는(Know) 것'을 말하는데 성령을 소멸한 사람은 이처럼 주님께서 모

른다고 하십니다.

3) 깨어 있어야 기도할 수 있기 때문입니다

"시험에 들지 않게 **깨어 기도하라** 마음에는 원이로되 육신이 약하도

다 하시고"(마 26:41)

"깨어 기도하라"는 **명령형/현재시제**로 '항상 깨어 있고 항상 기도하

라'는 것입니다.

"**기도하라**"의 헬라어는 '**προσευχή**'(프로슈케)입니다. '프로슈케 **προσευχή** = 프로스 **προσ**(~을 향해/바라보는 것) + 유케 **ευχή**(기도)' 는 **하나님을 바라보면서 드리는 기도**로 **하나님 뜻대로 하는 기도**입니다.

'**προσευχή**'(프로슈케)의 기도를 하기 위해서는 먼저 **하나님의 뜻**을 알아야 하는데, 하나님의 뜻을 알기 위해서는 깨어 있어야(Watching) 합니다.

"*기도를 계속하고 기도에 감사함으로 깨어 있으라*"(골 4:2)

깨어서 하나님의 뜻을 알았다면 기도로 이어져야 합니다.

"*나라가 임하시오며 뜻이 하늘에서 이루어진 것 같이 땅에서도 이루어지이다*"(마 6:10)

다윗도 하나님의 뜻을 알고 나서 기도하는 것을 볼 수가 있습니다.

"*만군의 여호와 이스라엘의 하나님이여 주의 종의 귀를 여시고 이르시기를 내가 너를 위하여 집을 세우리라 하셨으므로 주의 종이 이 기도로 주께 간구할 마음이 생겼나이다*"(삼하 7:27)

• 주기도문은 '**προσευχή**'(프로슈케) 기도의 대표적인 기도입니다.

 피 뿌린 옷을 입고 말씀(호 로고스) 앞에 머물면서 말을 들어라 !

"그러므로 **너희는 이렇게 기도하라** 하늘에 계신 우리 아버지여 이름
이 거룩히 여김을 받으시오며/**나라가 임하시오며** 뜻이 하늘에서 이
루어진 것 같이 땅에서도 이루어지이다"(마 6:9-10)

- 우리가 일반적으로 하는 기도를 헬라어로 'ευχή'(유케)라고 합
니다. 세상 사람들은 자신이 믿는 신(神)에게 기도하는데 이것을
'ευχή'(유케)라고 합니다. 이 기도는 내가 원하고 바라는 것 곧 내
생각 내 뜻대로 하는 기도입니다.
예수님께서는 기도할 때에 **골방으로** 들어가 기도하라고 하셨습
니다.

"너는 기도할 때에 **네 골방에 들어가** 문을 닫고 **은밀한 중에 계신** 네
아버지께 기도하라 은밀한 중에 보시는 네 아버지께서 갚으시리라"
(마 6:6)

"**골방**"의 헬라어는 'ταμιεῖον'(타메이온)이고, "**은밀한**"의 헬라어는
'κρυπτός'(크룹토스)로 모두 '**지성소**'를 가리키는 것으로 지성소에
들어가서 기도하라는 것입니다.

- 하루에 1시간은 깨어 있어야 합니다.

"제자들에게 오사 그 자는 것을 보시고 베드로에게 말씀하시되 **너**

희가 나와 함께 한 시간도 이렇게 깨어 있을 수 없더냐"*(마 26:40)*

- 1906년에 미국의 아주사에서 대부흥이 있었습니다. 윌리엄 시무어 목사님을 통한 부흥이었는데 당시 미국의 교회는 은사 중단론, 곧 성령의 은사가 사도 시대가 끝난 후 중단되었다고 믿던 시기였습니다. 그러나 시무어 목사님을 통해서 성령세례와 함께 은사가 강하게 나타남으로 대부흥이 시작되었습니다.

특이한 것은 **시무어 목사님은 집회 중에 회중석에 앉아서 항상 나무상자를 10분에서 1시간 정도를 쓰고 있었다는 것**입니다. 그리고 설교를 하기 위해 나무상자를 벗고서는 먼저 회중들에게 방언으로 찬양하게 하셨는데 이때 불꽃이 지붕 위로 치솟았고 하늘에서는 번갯불이 내려왔다고 합니다. 이 광경을 교회 안에서뿐 아니라 교회 밖에서도 사람들이 보았고 이를 본 사람들은 교회에 불났다고 소방서에 신고했을 정도였다고 합니다. 이것이 매일 반복이 되자 항시 소방차가 교회 옆에 상주했다고 합니다.

마치 구약 성경의 사무엘이 머물렀던 라마 나욧과 같이 말입니다.

*"사울이 라마 나욧으로 가니라 **하나님의 영이 그에게도 임하시니 그가 라마 나욧에 이르기까지 걸어가며 예언을 하였으며**"*(삼상 19:23)

그러나 시무어 목사님이 머리에 나무상자를 더 이상 쓰지 않게 되었을 때 부흥이 끝났다고 합니다.

     피 뿌린 옷을 입고 말씀(호 로고스) 앞에 머물면서 말을 들어라 I

3. 깨어 있는 것은 예수님과 함께하는 것이다

예수님께서는 제자들에게 나와 함께 깨어 있으라고 명령하셨습니다.

> "이에 말씀하시되 내 마음이 매우 고민하여 죽게 되었으니 너희는 여
> 기 머물러 **나와 함께 깨어 있으라** 하시고"(마 26:38)

(1) 부활하신 그리스도는 지금 하나님 보좌 우편에 앉아 계신다

> "지금 우리가 하는 말의 요점은 이러한 대제사장이 우리에게 있다는
> 것이라 그는 하늘에서 지극히 크신 이의 보좌 우편에 앉으셨으니"
> (히 8:1)

부활하신 그리스도께서는 항상 하나님만 바라보고 계십니다.

> "태초에 말씀이 계시니라 **이 말씀이 하나님과 함께 계셨으니** 이 말씀
> 은 곧 하나님이시니라"(요 1:1)

"**함께**"의 헬라어는 'πρoσ'(프로스)인데 '~향하여' 입니다. 보좌 우편에
앉아 계신 그리스도께서는 보좌 가운데에 앉아 계시는 **하나님만을 바**
라보고 계시는 것입니다.

(2) 우리가 예수 그리스도께 나가야 하는 것은 이것 때문이다

우리가 예수 그리스도과 함께 할 때에 하나님을 바라보게 되지만 우리가 예수 그리스도와 함께하지 않으면 하나님을 바라볼 수가 없습니다.

겟세마네 동산에서 3명의 제자들은 예수님과 함께하지 못했기 때문에 깨어 있지 못하고 잠을 자고 있었던 것입니다.

"제자들에게 오사 그 자는 것을 보시고 베드로에게 말씀하시되 너희가 나와 함께 한 시간도 이렇게 깨어 있을 수 없더냐"(마 26:40)

4. 깨어 있어야 하는 이유?

(1) 깨어 있어야 그 믿음에 굳게 서게 된다

"깨어 믿음에 굳게 서서 남자답게 강건하라"(고전 16:13)

"믿음"은 헬라어는 **τῇ πίστει**(테 피스테이)입니다. '테 **τῇ**(관사) + 피스테이 **πίστει**(믿음) = 그 믿음(특별한 믿음)'으로 **예수 그리스도께서 소유하신 믿음**을 말합니다.

깨어 있을 때 우리는 **그 믿음**에 굳게 설 수 있고 그 믿음을 소유하게 됩니다.

 피 뿌린 옷을 입고 말씀(호 로고스) 앞에 머물면서 말을 들어라 l

하나님께서 우리에게서 보시기 원하시는 믿음은 바로 **그 믿음**(τῇ πίστει)입니다.

*"내가 너희에게 이르노니 속히 그 원한을 풀어 주시리라 **그러나 인자가 올 때에 세상에서 믿음을 보겠느냐 하시니라**"*(눅 18:8)

요한계시록 14장 12절에서는 '예수에 대한 믿음을 지키라'고 합니다.

*"성도들의 **인내**가 여기 있나니 그들은 하나님의 계명과 **예수에 대한 믿음을 지키는 자니라**"*(계 14:12)

"예수에 대한 믿음"은 헬라어로 'τὴν πίστιν Ἰησοῦ'(텐 피스틴 예수)인데, 여기서 '예수에'는 **소유격**으로 쓰여서 '**예수의**'가 되어야 합니다. 정리를 하면 '**예수님이 소유하신 그 믿음(특별한 믿음)**'을 간직해야 한다는 것입니다.

그 믿음(특별한 믿음)은 예수님만이 가지고 계시는 믿음으로 우리는 그 믿음(특별한 믿음)을 소유할 수가 없습니다. 그러나 우리는 반드시 예수님께서 소유하신 그 믿음을 소유해야만 하는 것입니다.

왜냐하면 우리는 **그 믿음** 안에서 사는 것이기 때문입니다.

"내가 그리스도와 함께 십자가에 못 박혔나니 그런즉 이제는 내가 사는 것이 아니요 오직 내 안에 그리스도께서 사시는 것이라 이제 내가

육체 가운데 사는 것은 나를 사랑하사 나를 위하여 자기 자신을 버리신 *하나님의 아들을 믿는 믿음 안에서 사는 것이라*"(갈 2:20)

"하나님의 아들을 믿는 믿음 안에서 사는 것이라"가 아니라 '**하나님의 아들의 그 믿음 안에서 사는 것이라**'로 번역이 되어야 합니다.

또 우리는 **그 믿음**으로 구원을 받게 되기 때문입니다.

*"바울이 말하는 것을 듣거늘 바울이 주목하여 **구원 받을 만한 믿음이 그에게 있는 것을 보고***"(행 14:9)

그 믿음을 소유하는 방법은 깨어 있을 때 그리스도께서 소유하신 그 믿음을 소유할 수 있게 됩니다.

하나님께서 우리에게 보시기 원하시는 믿음은 **그 믿음(특별한 믿음)** 입니다.

그렇다면 우리가 흔히 믿는다고 하는 믿음은 어떤 믿음인가? 그것은 **일반적인 믿음**입니다. 우리가 보통 예수를 믿는다고 할 때에 이 믿음을 일반적인 믿음이라고 합니다. 그리고 여러분 '믿습니까? 아멘!'으로 화답하는 것도 일반적인 믿음입니다.

- 그 믿음(특별한 믿음)은? 하나님께서 아브라함에게 주셔서 믿게 하신 믿음입니다. 아브라함은 믿음의 조상이고, 우리는 믿음의 후

 피 뿌린 옷을 입고 말씀(호 로고스) 앞에 머물면서 말을 들어라 ㅣ

손들입니다.

*"아브라함이 바랄 수 없는 중에 바라고 믿었으니 **이는 네 후손이 이
같으리라** 하신 말씀대로 많은 민족의 조상이 되게 하려 하심이라"*
(롬 4:18)

"후손"의 헬라어는 'σπέρμα'(스페르마)로 '씨(씨앗)/Seed'라는 뜻
으로 후손이 아닌 씨(씨앗)로 번역이 되어야 합니다.

씨(씨앗)는 시대를 불문하고 항상 똑같아야 합니다. 콩을 심으면
콩이 나와야 하는 것은 너무나도 당연한 것이고, 또한 팥을 심으면
팥이 나와야 하는 것도 너무나 당연한 것입니다. 만일 콩을 심었는
데 팥이 나왔다면 콩을 심은 것이 아니라 팥을 심었다는 것입니다.

믿음의 씨는 믿음의 조상인 아브라함과 같은 믿음이어야 합니다.
그래서 믿음은 구약시대나 신약시대나 모두 동일해야 합니다. 지
금 우리가 사는 세상의 모든 그리스도인들의 믿음도 다 같아야만
합니다. 그러나 현실은 슬프게도 씨가 다 다르다는 것입니다.

마태복음은 아브라함으로부터 예수 그리스도에 이르기까지의 믿
음의 계보를 보여 줍니다. 이것은 믿음의 조상인 아브라함의 믿음
이나 예수 그리스도의 믿음이나 하나라는 것입니다. 그래서 아브
라함의 믿음이 무엇인지를 바르게 알아야 합니다.

"아브라함과 다윗의 자손 예수 그리스도의 계보라"(마 1:1)

"그런즉 모든 대 수가 아브라함부터 다윗까지 열네 대요 다윗부터 바벨론으로 사로잡혀 갈 때까지 열네 대요 바벨론으로 사로잡혀 간 후부터 그리스도까지 열네 대더라"(마 1:17)

• 믿음은 믿어지는 것입니다.

"성경이 무엇을 말하느냐 아브라함이 **하나님을 믿으매** 그것이 그에게 의로 여겨진 바 되었느니라"(롬 4:3)
"기록된 바 내가 너를 많은 민족의 조상으로 세웠다 하심과 같으니 **그가 믿은 바** 하나님은 죽은 자를 살리시며 없는 것을 있는 것으로 부르시는 이시니라"(롬 4:17)

3절에 "**믿으매**"와 17절의 "**믿은 바**" 모두가 **Aorist**시제로 쓰여서 **하나님이 순간적으로 주신 것을 아브라함이 믿었다**는 것입니다. 아브라함의 믿음은 순간적으로 믿음을 갖게 된 것입니다.
믿음이란? 내가 믿는 것이 아니라 하나님께서 순간적으로 믿어지게 하시는 것입니다.

① 아브라함은 하나님을 믿음의 관계를 맺는 분으로 믿었습니다.

"성경이 무엇을 말하느냐 아브라함이 **하나님을 믿으매** 그것이 그에게 의로 여겨진 바 되었느니라"(롬 4:3)

피 뿌린 옷을 입고 말씀(호 로고스) 앞에 머물면서 말을 들어라 |

"하나님을 믿으매"의 헬라어는 'Ἐπίστευσεν δὲ Ἀβραὰμ τῷ θεῷ'
입니다.

"τῷ θεῷ"(토 데오)는 우리가 보는 개역 개정 성경에서는 '**목적격
(하나님을)**'으로 번역을 하였지만, 헬라어는 '**여격(하나님에게**: 행
위의 결과를 받는 대상)'으로 쓰여져 있습니다.

그래서 '**하나님을**'으로 번역하면 안 되고 '**하나님에게**'로 번역이 되
어야 합니다.

아브라함은 하나님이 **신앙의 대상**이 아닌 **말씀이신 하나님과 믿
음의 관계(인격적 관계[교제])를 맺는 분**으로 순간적으로 믿은 것
입니다.

② 아브라함은 하나님은 영적으로 죽은 자들의 생명을 살리는 일을
계속적으로 하시는 분이신 것을 믿었습니다.

*"기록된 바 내가 너를 많은 민족의 조상으로 세웠다 하심과 같으니 그
가 믿은 바 **하나님은 죽은 자를 살리시며 없는 것을 있는 것으로 부
르시는 이시니라**"*(롬 4:17)

"하나님은 죽은 자를 살리시며 없는 것을 있는 것으로 부르시는" 하
나님인 것을 믿었다는 것입니다.

"**하나님은 죽은 자를 살리시며**"에서,

"**죽은 자를**"는 헬라어로 'τοὺς νεκρούς'(투스 네크루스)인데 복수

로 쓰여서 '죽은 자들'이며,

"죽은 자"는 헬라어로 'νεκρούς'(네크루스)로 '하나님과의 관계 단절에서 오는 영적 죽음'을 뜻합니다.

"살리시며"는 헬라어로 'ζωοποιούντος'(조오포이운토스)인데 분사/현재시제로 쓰여서 '하나님이 계속해서 살리신다'는 것입니다.

아브라함은 **하나님이 살리시는 일을 계속적으로 하신다**는 사실을 순간적으로 믿은 것입니다.

아브라함은 **하나님께서는 하나님과의 관계 단절로 인해 영적으로 죽은 자들의 생명을 살리는 일을 계속적으로 하시는 분**이라는 것을 순간적으로 믿게 된 것입니다.

- 그 믿음(특별한 믿음)은? 하나님의 말씀을 듣고 그 말씀에 100% 순종하는 믿음입니다.

① 아브라함: 하나님 말씀에 순종해서 독자 이삭을 번제로 드렸습니다.

"여호와께서 이르시되 *네 아들 네 사랑하는 독자 이삭을 데리고 모리아 땅으로 가서 내가 네게 일러 준 한 산 거기서 그를 번제로 드리라*"(창 22:2)

"*사자가 이르시되 그 아이에게 네 손을 대지 말라 그에게 아무 일도 하지 말라 네가 네 아들 네 독자까지도 내게 아끼지 아니하였으니 내가 이제야 네가 하나님을 경외하는 줄을 아노라*"(창 22:12)

 피 뿌린 옷을 입고 말씀(호 로고스) 앞에 머물면서 말을 들어라ㅣ

② 예수님: 하나님 말씀에 순종해서 화목제물이 되셨다.

"그는 육체에 계실 때에 **자기를 죽음에서 능히 구원하실 이에게 심한 통곡과 눈물로 간구와 소원을 올렸고** 그의 경건하심으로 말미암아 들으심을 얻었느니라/그가 아들이시면서도 받으신 **고난으로 순종함을 배워서/온전하게 되셨은즉** 자기에게 순종하는 모든 자에게 영원한 구원의 근원이 되시고"(히 5:7-9)

■ 순종과 불순종은?

"**한 사람이 순종하지 아니함으로** 많은 사람이 죄인 된 것 같이 한 사람이 **순종하심으로** 많은 사람이 의인이 되리라"(롬 5:19)

① "**순종하심**"은 헬라어로 'ὑπακοῆς'(휘파코에스)로 '휘포 ὑπό(아래) + 아쿠오 ἀκούω(듣다)'의 합성어입니다. 'ὑπό'(휘포)는 무언가 **아래서** 있는 것을 말합니다.
  'ὑπακοῆς'(휘파코에스)는 **아래서 듣는 것**을 말합니다.
② "**순종하지 아니함(불순종)**"은 헬라어로 'παρακοῆς'(파라코에스)로 '파라 παρα(옆에) + 아쿠오 ἀκούω(듣다)'의 합성어입니다. 'παρα'(파라) 는 무언가 **옆에서** 있는 것을 말합니다. 'παρακοῆς'(파라코에스)는 **옆에서 듣는 것**을 말합니다.
③ 순종과 불순종은? 듣는 사람의 자세와 관련이 있습니다. 즉 듣는

사람이 옆에서 듣는 것은? 친구의 음성으로 듣는 것이고, 아래에서 듣는 것은? 주인의 음성으로 듣는 것입니다.
④ 바나바와 아나니아와 삽비라 부부의 차이가 여기에 있었습니다.

*"그가 밭이 있으매 **팔아** 그 값을 가지고 사도들의 발 앞에 두니라"*
(행 4:37)
*"아나니아라 하는 사람이 그의 아내 삽비라와 더불어 소유를 **팔아**"*
(행 5:1)

바나바는 밭을 팔았고, 아나니아와 삽비라 부부는 소유를 팔았는데, "**팔아**"는 **Aorist시제**로 순간적으로 성령께서 팔라고 해서 판 것입니다.
바나바는 순종해서 밭을 판 돈의 전부를 사도들 앞에 가져왔지만, 아나니아와 삽비라 부부는 불순종해서 소유를 판 돈의 일부를 숨기고 사도들 앞에 가져온 것입니다.

*"**그 값에서 얼마를 감추매** 그 아내도 알더라 얼마만 가져다가 사도들의 발 앞에 두니/베드로가 이르되 아나니아야 어찌하여 사탄이 네 마음에 가득하여 네가 성령을 속이고 땅 값 얼마를 감추었느냐"(행 5:2-3)*

(2) 깨어 있어야 자기 옷(예복)을 지키게 된다

깨어 있어야지 자기 옷을 지키게 되고 반대로 깨어 있지 않으면 자기

　피 뿌린 옷을 입고 말씀(호 로고스) 앞에 머물면서 말을 들어라 I

옷을 지키지 못해서 벌거벗게 되는 것입니다.

*"보라 내가 도둑 같이 오리니 **누구든지 깨어 자기 옷을 지켜** 벌거벗고 다니지 아니하며 자기의 부끄러움을 보이지 아니하는 자는 복이 있도다"(계 16:15)*

1) 자기 옷은 흰 두루마기로 예복입니다

*"**각각 그들에게 흰 두루마기를 주시며** 이르시되 아직 잠시 동안 쉬되 그들의 동무 종들과 형제들도 자기처럼 죽임을 당하여 그 수가 차기까지 하라 하시더라"(계 6:11)*
"임금이 손님들을 보러 들어올새 거기서 예복을 입지 않은 한 사람을 보고"(마 22:11)

2) 자기 옷은 의(義)의 옷이다

*"그에게 빛나고 깨끗한 세마포 옷을 입도록 허락하셨으니 **이 세마포 옷은 성도들의 옳은 행실이로다 하더라**"(계 19:8)*

"옳은 행실"은 헬라어로 **'τὰ δικαιώματα'**(타 디카이오마타)로 '의로운 것들'입니다. 깨어 있어야 의로운 일들을 행할 수 있고 깨어 있지 못하면 의로운 일들을 행할 수가 없는 것입니다.

• 예복을 입지 않으면 혼인 잔치에 참석할 수가 없습니다.

"종들이 길에 나가 악한 자나 선한 자나 만나는 대로 모두 데려오니 혼인 잔치에 손님들이 가득한지라/임금이 손님들을 보러 들어올새 거기서 **예복을 입지 않은 한 사람을 보고**/이르되 친구여 어찌하여 예복을 입지 않고 여기 들어왔느냐 하니 그가 아무 말도 못하거늘/임금이 사환들에게 말하되 그 손발을 묶어 바깥 어두운 데에 내던지라 거기서 슬피 울며 이를 갈게 되리라 하니라"(마 22:10-13)

▣ 유대인들의 혼인 잔치의 관습

혼주는 미리 예복을 준비해서 손님들에게 나눠주고, 손님들은 예복을 입고 혼인 잔치에 참석하게 됩니다.

(오늘날 결혼식장에 가면 나눠주는 식권과 같은 것입니다.)

(3) 깨어 있어야 마귀를 대적하게 된다

"근신하라 깨어라 너희 대적 마귀가 우는 사자 같이 두루 다니며 삼킬 자를 찾나니/너희는 믿음을 굳건하게 하여 그를 대적하라 이는 세상에 있는 너희 형제들도 동일한 고난을 당하는 줄을 앎이라"(벧전 5:8-9)

마귀는 사자같이 삼킬 자를 찾고 있습니다. 마귀가 사자같이 삼키려

 피 뿌린 옷을 입고 말씀(호 로고스) 앞에 머물면서 말을 들어라 I

고 하는 대상은 그 믿음(특별한 믿음)의 사람입니다. 왜냐하면 그 믿음의 사람이 마귀에게는 가장 위협이 되기 때문입니다.

우리가 깨어 있을 때 **그 믿음**을 지키게 되고, 마귀를 대적하는 것이 됩니다.

열왕기상 13장에서 하나님께서는 무명(無名)의 선지자인 하나님의 사람을 벧엘로 보내 사역하게 하시고 집으로 돌아갈 때를 명령하셨습니다.

*"이는 곧 여호와의 말씀이 내게 명령하여 이르시기를 **떡도 먹지 말며 물도 마시지 말고 왔던 길로 되돌아가지 말라** 하셨음이니이다 하고"*
(왕상 13:9)

무명의 선지자 하나님의 사람은 하나님의 말씀에 순종해서 집으로 돌아갑니다.

"이에 다른 길로 가고 자기가 벧엘에 오던 길로 되돌아가지도 아니하니라"(왕상 13:10)

그런데 이때 벧엘의 늙은 선지자가 무명의 선지자 곧 하나님의 사람을 유혹합니다.

*"그가 그 사람에게 이르되 **나도 그대와 같은 선지자라 천사가 여호***

와의 말씀으로 내게 이르기를 그를 네 집으로 데리고 돌아가서 그에게 떡을 먹이고 물을 마시게 하라 하였느니라 하니 이는 그 사람을 속임이라/이에 그 사람이 그와 함께 돌아가서 그의 집에서 떡을 먹으며 물을 마시니라"(왕상 13:18-19)

이때 무명의 선지자인 하나님의 사람이 집으로 돌아갈 때 사자가 나타나 하나님의 사람을 물어 죽이게 됩니다.

"이에 그 사람이 가더니 사자가 길에서 그를 만나 물어 죽이매 그의 시체가 길에 버린 바 되니 나귀는 그 곁에 서 있고 사자도 그 시체 곁에 서 있더라"(왕상 13:24)

이 사실을 전해서 들은 벧엘의 늙은 선지자가 말합니다.

"그 사람을 길에서 데리고 돌아간 선지자가 듣고 말하되 **이는 여호와의 말씀을 어긴 하나님의 사람이로다 여호와께서 그에게 하신 말씀과 같이 여호와께서 그를 사자에게 넘기시매 사자가 그를 찢어 죽였도다** 하고"(왕상 13:26)

▣ 아브라함이 시험을 받을 때

"아브라함은 **시험을 받을 때**에 믿음으로 이삭을 드렸으니 그는 약속

 피 뿌린 옷을 입고 말씀(호 로고스) 앞에 머물면서 말을 들어라 I

들을 받은 자로되 그 외아들을 드렸느니라”(히 11:17)

“**시험**”은 헬라어로 ‘**πειράζω**’(페이라조)인데 ‘유혹/Temptation’으로 마귀가 아브라함이 하나님의 말씀에 순종하지 못하도록 유혹했다는 것입니다. 왜냐하면 하나님의 뜻이 이루어지면 안 되기 때문입니다.

하나님은 아브라함을 시험(Test)하셨는데, 마귀는 아브라함을 유혹(Temptation)한 것입니다.

“그 일 후에 **하나님이 아브라함을 시험하시려고** 그를 부르시되 아브라함아 하시니 그가 이르되 내가 여기 있나이다”(창 22:1)

• 아브라함은 계속해서 순간순간 하나님의 음성을 들으며 순종해 갔습니다.

“아브라함이 아침에 일찍이 **일어나** 나귀에 **안장을 지우고** 두 종과 그의 아들 이삭을 **데리고** 번제에 쓸 나무를 **쪼개어 가지고 떠나** 하나님이 자기에게 일러 주신 곳으로 **가더니**”(창 22:3)

“**일어나, 안장을 지우고, 데리고, 쪼개어 가지고, 떠나, 가더니**”는 모두 ‘**와우전환 미완료**’로 아브라함이 하나님과 동행하면서 순간순간 하나님의 음성을 듣고 순종한 것을 보여줍니다.

예수님께서는 겟세마네 동산에 기도하러 올라가시면서 열한 제자들을 데리고 가셨습니다.

(1) 여덟 명의 제자들에게는 "앉아 있으라"고 하셨다

*"이에 예수께서 제자들과 함께 겟세마네라 하는 곳에 이르러 제자들에게 이르시되 내가 저기 가서 기도할 동안에 **너희는 여기 앉아 있으라** 하시고"(마 26:36)*

예수님은 여덟 명의 제자들이 아직은 깨어 있는 것이 안 되기 때문에 앉아 있으라고 하신 것입니다.

① 여덟 명의 제자들이 할 수 있는 기도는 'εὐχή'(유케) 기도입니다. 'εὐχή'(유케) 기도란? 내 뜻을 가지고 하는 일반적인(종교적인) 기도입니다.

② 이런 여덟 명의 제자들은 이전의 변화 산에도 끼지를 못했습니다.

*"엿새 후에 예수께서 **베드로와 야고보와 요한을** 데리시고 따로 높은 산에 올라가셨더니 그들 앞에서 변형되사"(막 9:2)*

- 임마누엘이 되지 못한 제자들에게 문제가 생겼습니다.
  귀신을 쫓으려고 사역을 했지만 무슨 일인지 귀신을 쫓을 수가 없
  게 된 것입니다.

"귀신이 어디서든지 그를 잡으면 거꾸러져 거품을 흘리며 이를 갈며
그리고 파리해지는지라 **내가 선생님의 제자들에게 내쫓아 달라 하
였으나 그들이 능히 하지 못하더이다**"(막 9:18)

예수님께서 제자들이 귀신을 쫓아내지 못한 이유가 무엇인지를 알
려 주셨습니다.

"집에 들어가시매 제자들이 조용히 묻자오되 우리는 어찌하여 능히
그 귀신을 쫓아내지 못하였나이까"(막 9:28)
"이르시되 **기도 외에 다른 것으로는 이런 종류가 나갈 수 없느니라**
하시니라"(막 9:29)

예수님은 '**προσευχή**'(프로슈케)의 기도를 할 때 귀신을 쫓아낼 수
가 있다고 하셨습니다. '**προσευχή**'(프로슈케) 기도는? 하나님을
바라보면서 하나님 뜻대로 하는 기도를 말합니다.

(2) 세 명의 제자들에게는 "깨어 있으라"고 하셨다

*"이에 말씀하시되 내 마음이 매우 고민하여 죽게 되었으니 너희는 여기 머물러 **나와 함께 깨어 있으라** 하시고"*(마 26:38)

1) 깨어 있으라는 주님의 명령에도 불구하고 세 명의 제자들은 잠을 자고 있었습니다

*"제자들에게 오사 그 자는 것을 보시고 베드로에게 말씀하시되 **너희가 나와 함께 한 시간도 이렇게 깨어 있을 수 없더냐**"*(마 26:40)

2) 이미 세 명의 제자들은 변화 산에서도 잠을 자고 있었습니다

"베드로와 및 함께 있는 자들이 깊이 졸다가 온전히 깨어나 예수의 영광과 및 함께 선 두 사람을 보더니"(눅 9:32)

3) 마귀는 우리가 어떻게든지 깨어 있지 못하도록 합니다. 마귀가 우리가 깨어 있지 못하게 하는 방법은?

① 잠을 자게 합니다.

② 오만가지 생각(잡생각)을 넣어 줍니다.

 피 뿌린 옷을 입고 말씀(호 로고스) 앞에 머물면서 말을 들어라 l

(3) 예수님은 3년이 넘게 제자들을 훈련시켰다

예수님께서는 공생애를 시작하시면서 열두 명의 제자들을 택하시고, 3년이 넘게 동고동락하시면서 가르치시고, 손수 모범을 보여 주시면서 제자들을 훈련시키셨습니다.

제자들은 그렇게 3년을 넘게 훈련을 받았지만 잘 안 되는 것이 **깨어 있는 것**이었습니다. 깨어 있는 것은 주님의 명령이지만 이처럼 주님의 명령임에도 불구하고 어려운 것이 깨어 있는 것입니다.

3년을 넘게 제자 훈련을 받아도 안 되는 것이 깨어 있는 것입니다.

- 제자 훈련으로 유명한 사랑의 교회 옥한흠 목사님도 제자 훈련은 실패했다고 자인(自認)했습니다.

6. 깨어 있는 것이 안 되면 자연스럽게 관심이 "누가 크냐!"로 가게 된다

"그들이 잠잠하니 이는 길에서 *서로 누가 크냐* 하고 쟁론하였음이라" *(마 9:34)*

"또 그들 사이에 *그 중 누가 크냐 하는 다툼이 난지라*"(눅 22:24)

여기에 더해 치맛바람까지 가세하게 됩니다.

"그 때에 **세베대의 아들의 어머니가 그 아들들을 데리고** 예수께 와
서 절하며 무엇을 구하니/예수께서 이르시되 무엇을 원하느냐 이르되
**나의 이 두 아들을 주의 나라에서 하나는 주의 우편에, 하나는 주의
좌편에 앉게 명하소서**"(마 20:20-21)

(1) 깨어 있는 것이 안 되면 신앙은 변질될 수밖에 없고 결국은 예수님을 팔아먹게 된다

1) 가룟 유다

예수님의 제자 중 가룟 유다는 돈궤를 맡을 정도로 신임을 받았지만
깨어 있는 것이 안 되었기 때문에 예수님을 팔아먹었습니다.

"그 때에 열둘 중의 하나인 가룟 유다라 하는 자가 대제사장들에게
가서 말하되/**내가 예수를 너희에게 넘겨 주리니 얼마나 주려느냐** 하
니 그들이 은 삼십을 달아 주거늘/그가 그 때부터 예수를 넘겨 줄 기
회를 찾더라"(마 26:14-16)

2) 교회는 세상의 성공 주의에 빠지게 됩니다

큰 예배당과 신도들의 숫자가 성공의 척도가 되기 때문에 큰 예배당
을 짓고, 신도의 숫자를 늘리기 위해서 목사들은 수단과 방법을 가리지
않습니다. 그래서 교회 성장이라는 잘 포장된 성공에 목을 매는 것입
니다. 세상이나 교회나 다를 것 없이 온통 성공 주의에 빠져 있습니다.

더 큰 문제는 목사는 신자들이 예수님을 추종하도록 해야 하지만, 일

부 타락한 목사는 신자들이 자신을 추종하게 만들어서 부와 명예를 쌓아간다는 것입니다.

> **"나더러 주여 주여 하는 자마다 다 천국에 들어갈 것이 아니요** 다만 하늘에 계신 내 아버지의 뜻대로 행하는 자라야 들어가리라"(마 7:21)
> **"도둑이 오는 것은 도둑질하고 죽이고 멸망시키려는 것뿐이요** 내가 온 것은 양으로 생명을 얻게 하고 더 풍성히 얻게 하려는 것이라"(요 10:10)

3) '목사 = 제사장'으로 군림합니다

천주교의 신부(神父)나 구약의 제사장처럼 중보자로 군림하려고 합니다.

> **"그러나 너희는 택하신 족속이요 왕 같은 제사장들이요 거룩한 나라요 그의 소유가 된 백성이니** 이는 너희를 어두운 데서 불러 내어 그의 기이한 빛에 들어가게 하신 이의 아름다운 덕을 선포하게 하려 하심이라"(벧전 2:9)

그리스도인들은 모두 왕 같은 제사장(만인 제사장)입니다. 오직 중보자는 예수님 한 분 뿐입니다.

(2) 깨어 있는 것이 안 되면 은사 주의로 가게 된다

은사 주의의 문제는 성경의 말씀보다는 자신의 감각적이고 주관적인 체험을 중시하게 되고 은사 자체를 목적으로 삼는다는 것입니다. 은사 자체가 목적이 되다 보니 은사에 집착하게 되면서 서로가 받은 은사를 비교하게 되고, 결국은 시기와 질투를 하게 됩니다. 이 때문에 교회는 분쟁이 일어납니다.

*"너희는 아직도 육신에 속한 자로다 **너희 가운데 시기와 분쟁이 있으니** 어찌 육신에 속하여 사람을 따라 행함이 아니리요"(고전 3:3)*

은사 주의의 더 큰 문제는 기복(祈福)신앙으로 흐를 수밖에 없다는 것입니다.

1) 더욱 큰 은사를 받는 것에만 관심을 둡니다

"너희는 더욱 큰 은사를 사모하라 내가 또한 가장 좋은 길을 너희에게 보이리라"(고전 12:31)

2) 일(사역)만 하려고 합니다

*"그 날에 많은 사람이 나더러 이르되 주여 주여 **우리가 주의 이름으로** 선지자 노릇 하며 주의 이름으로 귀신을 쫓아 내며 주의 이름으*

 피 뿌린 옷을 입고 말씀(호 로고스) 앞에 머물면서 말을 들어라 I

로 많은 권능을 행하지 아니하였나이까 하리니/그 때에 내가 그들에게 밝히 말하되 **내가 너희를 도무지 알지 못하니 불법을 행하는 자들아 내게서 떠나가라** 하리라"(마 7:22-23)

• 마르다는 주님을 찾지 않고 일(사역)만 합니다.

"마르다는 준비하는 일이 많아 마음이 분주한지라 예수께 나아가 이르되 주여 내 동생이 나 혼자 일하게 두는 것을 생각하지 아니하시나이까 그를 명하사 나를 도와 주라 하소서"(눅 10:40)

• 깨어 있지 않으면 행위가 온전하지 않게 됩니다.

"너는 일깨어 그 남은 바 죽게 된 것을 굳건하게 하라 내 하나님 앞에 **네 행위의 온전한 것을 찾지 못하였노니"**(계 3:2)

"**행위**"의 헬라어는 '**ἔργον**'(에르곤)인데 '일/사역'을 뜻하는데, 일만 하는 것이 하나님 앞에서의 온전한 사역이 아니라는 것입니다. 이는 하나님 뜻대로 하는 것이 아니라 자신의 생각대로 사역했다는 것입니다.
그래서 사데 교회는 주님으로부터 책망을 받는 것입니다.

• 깨어 있지 않으면 성령의 음성을 듣지 못하기 때문에 꿈과 환상

을 좇게 되고 절대시하게 됩니다. 그래서 마귀의 음성을 듣게 되는 것입니다.

창세기에 하와가 뱀의 말을 듣는 것을 보았을 것입니다.

*"그런데 뱀은 여호와 하나님이 지으신 들짐승 중에 가장 간교하니라 **뱀이 여자에게 물어 이르되** 하나님이 참으로 너희에게 동산 모든 나무의 열매를 먹지 말라 하시더냐"(창 3:1)*

여러분 뱀이 어떻게 하와에게 다가와서 하와를 미혹해서 넘어뜨렸을까요?

"**뱀**"의 히브리어는 'שָׁחַנ'(나하쉬)로 **점(占)을 치다**에서 유래한 단어입니다. 뱀은 점(占)으로 하와에게 접근해 결국은 하와를 넘어뜨린 것입니다.

사도행전에서 사도바울이 **점(占)치는 귀신** 들린 여종을 만났다고 합니다.

*"우리가 기도하는 곳에 가다가 **점치는 귀신** 들린 여종 하나를 만나니 점으로 그 주인들에게 큰 이익을 주는 자라"(행 16:16)*

"점치는 귀신"의 헬라어는 'Πύθων'(퓌돈)으로 파이톤(Python)입니다.

파이톤(Python)은 비단뱀으로 독은 없지만 6~7M의 길이로 먹잇감을 칭칭 감아서 숨통을 조여 죽이고 먹잇감을 삼켜 버립니다.

• 약 13년 전쯤에 잠을 자고 일어났는데 갑자기 허리가 너무 아파서 기어다닐 정도였습니다. 두세 걸음을 걷지 못하고 주저앉았다가 다시 두세 걸음을 걷고 주저앉을 정도로 고통스러운 나날을 보내야 했습니다. 병원을 가도 약을 먹어도 아무런 효과도 없었습니다. 그러던 중 친한 목사님과 약속으로 식사를 하던 중에 목사님께서 내 허리에 파이톤 뱀이 있다는 것이었습니다. 결국 파이톤 뱀을 2달 만에 쫓아내고 허리는 낫게 되었습니다.
이후에 파이톤 뱀이 왜 내게 붙어서 고통을 주었을까?를 생각해 보니 당시 교회에 축사를 받으러 온 무당만 다섯 분이었을 정도로 무당 위주로 사역했었는데 그때 축사한 파이톤 뱀이 내게 고통을 주었던 것입니다.
그래서 깨달은 것이 무당들이 파이톤 뱀에 의해서 얼마나 큰 고통에 시달리는지를 알게 되었습니다. 그리고 신내림을 받지 않으려고 하는 사람에게는 보통 신병(神病)으로 알려진 고통을 주어서 고통에 시달리다 못해 결국엔 신내림을 받고 무당이 될 수밖에 없게 만드는 것도 파이톤 뱀이 하는 것입니다.

(3) 깨어 있는 것이 안 되면 종이 주인 노릇을 하게 된다

"만일 그 종이 마음에 생각하기를 주인이 더디 오리라 하여 남녀 종

들을 때리며 먹고 마시고 취하게 되면"*(눅 12:45)*

가끔 목사님들이 신도들을 내 양이라고 하는 말들을 많이 들었을 것입니다. 이는 일개(一介) 목동이 목자 노릇을 하려는 것입니다.

그리스도인들은 주인이 아니라 **일꾼**에 불과합니다.

1) 일꾼은 헬라어로 'ὑπηρέτης'(휘페레테스)입니다

*"사람이 마땅히 **우리를 그리스도의 일꾼이요** 하나님의 비밀을 맡은 자로 여길지어다"*(고전 4:1)

"**일꾼**"은 헬라어로 'ὑπηρέτης'(휘페레테스)입니다.

ὑπηρέτης(휘페레테스) = 휘페르 ὑπέρ(~아래) + 에레테스 ἐρέτης (뱃사람)'으로 배 밑에서 노를 젓는 노예를 말합니다. 이는 노예 중에서도 가장 낮은 계층의 노예를 가리킵니다.

일꾼은 **배 밑에서 북소리에 맞춰서 노를 젓는 자**입니다.

일꾼은 주인의 지시에 따라서 순종함으로 주인의 뜻을 이루는 자입니다.

- 영화 〈벤허〉에서 주인공이 노예가 되어 배 밑에서 발이 족쇄에 묶인 채 북소리에 맞춰서 노를 젓는 것을 보았을 것입니다. 이것이 '일꾼'이라는 의미입니다.

 피 뿌린 옷을 입고 말씀(호 로고스) 앞에 머물면서 말을 들어라 |

북소리에 맞춰 노를 젓지 않으면 어떻게 됩니까? 배가 앞으로 나가지 못하고 제자리를 맴돌게 될 것입니다.

2) 일꾼은 헬라어로 'διάκονος'(디아코노스)입니다

*"이 복음을 위하여 그의 능력이 역사하시는 대로 내게 주신 하나님의 은혜의 선물을 따라 **내가 일꾼이 되었노라**"(엡 3:7)*

"일꾼"의 헬라어는 'διάκονος'(디아코노스)로 '심부름을 가다'라는 의미의 'διάκο'에서 유래가 되었습니다. 이는 **식탁에서 시중(Table-service)을 드는 일**과 같은 봉사활동을 하는 의미에서 출발한 단어입니다.

오늘날 교회의 집사(Deacon) 직분의 기원이 됩니다.

3) 일꾼은 헬라어로 'ἐργάτη'(에르가테)입니다

*"성경에 일렀으되 곡식을 밟아 떠는 소의 입에 망을 씌우지 말라 하였고 또 **일꾼이 그 삯을 받는 것은 마땅하다** 하였느니라"(딤전 5:18)*

"일꾼"은 헬라어로 'ἐργάτη'(에르가테)로 '품삯을 받고 일하는 사람'을 가리킵니다.

4) 종은 헬라어로 'δοῦλος'(둘로스)입니다

"예수 그리스도의 종 바울은 사도로 부르심을 받아 하나님의 복음을
위하여 택정함을 입었으니"(롬 1:1)

"종"은 헬라어로 'δοῦλος'(둘로스)로 노예를 가리킵니다. 노예는 자신
의 몸에 대한 소유권조차 없습니다. 종은 자신이 가진 모든 권리와 결정
권을 주님께 드려야 하고 자기의 생각이 있으면 안 됩니다.
　예수의 노예가 된다는 것은 예수의 소유가 되는 것입니다.

"그러나 **이제는 너희가 죄로부터 해방되고 하나님께 종이 되어** 거룩
함에 이르는 열매를 맺었으니 그 마지막은 영생이라"(롬 6:22)

• 예수님께서도 인자(人子)로서 하나님의 종이 되셨고 종의 삶을 사
　셨습니다.

"아브라함과 이삭과 야곱의 하나님 곧 **우리 조상의 하나님이 그의**
종 예수를 영화롭게 하셨느니라 너희가 그를 넘겨 주고 빌라도가
놓아 주기로 결의한 것을 너희가 그 앞에서 거부하였으니"(행 3:13)
"오히려 **자기를 비워 종의 형체를 가지사** 사람들과 같이 되셨고"
(빌 2:7)

사람은 세상에 사는 동안에 예수님께서 인자로서 종의 삶을 사셨
듯이 종의 삶을 살아야 합니다.

임마누엘의 방법은?
'ὑπομονή'(휘포모네)이다

*"보라 인내하는 자를 우리가 복되다 하나니 **너희가 욥의 인내를 들었**
고 주께서 주신 결말을 보았거니와 주는 가장 자비하시고 긍휼히 여
기시는 이시니라"(약 5:11)*

"욥의 인내"라는 말씀을 들을 때에 여러분들에게 드는 생각은 아마도 욥의 고난이 떠오를 것입니다. 욥은 하루아침에 전 재산을 다 잃게 되었고, 열 명의 자식들도 한순간에 몰살을 당해서 죽었고, 욥 자신은 병에 걸려서 죽음을 앞둔 처지가 되었으며, 아내마저 병든 남편을 버리고 떠났습니다. 욥은 한마디로 하루아침에 풍비박산(風飛雹散)이 난 것입니다.

욥은 이 모든 고난을 잘 극복함으로써 결국에는 갑절의 복을 받았기에 우리도 욥처럼 오래 참음을 통해서 고난을 이겨 내면 갑절의 복을 받을 것이라는 위안을 받게 됩니다.

그러나 "**인내**"로 번역된 헬라어 단어는 우리의 예상과는 달리 성경에서 가장 중요한 영적인 단어 중 하나로 **깊은 영성(靈性)**을 의미하는 단어입니다. 그래서 이 단어는 헬라어 단어 그대로 알아야 하고 암기를 해야 할 헬라어 단어 중 하나입니다. 인내로 번역된 헬라어는 'ὑπομονή'

(휘포모네)입니다.

야보고 사도는 욥이 'ὑπομονή'(휘포모네)의 신앙의 사람으로 'ὑπομονή'(휘포모네)를 잘했다는 것입니다. 그래서 갑절의 복을 받았다는 것입니다.

1. 'ὑπομονή'(휘포모네) 의미는?

'휘포 ὑπο(~아래) + 모네 μονή(머물다) = ~아래에 머물다'라는 말입니다.

'ὑπομονή'(휘포모네)의 의미는 '~아래에 머무는 것, ~아래에서 기다리는 것'입니다. 그렇다면 어느 아래에서 머물라고 하는 것일까요? **하나님의 보좌**를 말합니다.

'ὑπομονή'(휘포모네)는 **하나님의 보좌 앞에 나아가서 머무는 것**으로, 우리에게 보좌 앞에 나아가서 오래 머물러 있으라고 하는 것입니다. 이것이 바로 **영성(靈性)**입니다.

하나님의 보좌는 성전의 **지성소(은혜의 보좌)**를 말합니다.

"그러므로 우리는 긍휼하심을 받고 때를 따라 돕는 은혜를 얻기 위하여 은혜의 보좌 앞에 담대히 나아갈 것이니라"(히 4:16)

2. 'ὑπομονή'(휘포모네)를 해야 하는 이유는?

'ὑπομονή'(휘포모네)를 해야지 구원을 받을 수 있기 때문입니다.

*"그러나 끝까지 **견디는 자**는 구원을 얻으리라"*(마 24:13)

"견디는 자"로 번역이 된 헬라어 단어는 'ὑπομονή'(휘포모네)입니다. 끝까지 포기하지 않고 'ὑπομονή'(휘포모네)를 하는 사람만이 구원을 받게 된다는 것입니다. 반대로 'ὑπομονή'(휘포모네)를 아예 하지도 않거나 또 한다고 해도 끝까지 하지 않는다면 구원을 받지 못한다는 것입니다.

아마도 대부분은 처음으로 듣는 말씀일 것입니다. 보통 우리가 알고 배운 구원과는 너무도 다를 것이기에 이상하다고 여기실 것입니다. 이는 당연한 반응입니다. 그러나 내가 알고 있는 구원과는 다르다고 눈을 감거나 귀를 막지 마시고 조금만 수고를 하면 아실 수 있을 것입니다.

사도행전에 베뢰아 사람들도 그렇게 했습니다.

*"베뢰아에 있는 사람들은 데살로니가에 있는 사람들보다 더 너그러워서 **간절한 마음으로 말씀을 받고 이것이 그러한가 하여 날마다 성경을 상고하므로**"*(행 17:11)

베뢰아 사람들은 이것이 그러한가? 하여 날마다 열린 마음으로 말씀

 피 뿌린 옷을 입고 말씀(호 로고스) 앞에 머물면서 말을 들어라 l

을 받아들이고 그 말씀이 사실인지 성경을 통해서 자세히 조사하고 탐구했다는 것입니다.

우리도 성경 말씀을 따라 'ὑπομονή'(휘포모네) 곧 하나님의 보좌 앞에 나가 머물러서 구원을 이루어 가야 합니다.

3. 성령님은 'ὑπομονή'(휘포모네) 하도록 압박(Push)한다

*"다만 이뿐 아니라 우리가 환난 중에도 즐거워하나니 이는 **환난은 인내를,**"*(롬 5:3)

"환난"은 헬라어로 'θλῖψις'(들립시스)인데 '떠밀다, 압박하다'는 의미이고, 영어로는 'Push한다/Pressure'입니다.

(1) 'θλῖψις'(들립시스)의 의미는?

*"소망 중에 즐거워하며 **환난 중에 참으며** 기도에 항상 힘쓰며"*(롬 12:12)

성경에서는 헬라어 'θλῖψις'(들립시스)를 대부분 **'환난'**으로 번역을 했지만, 헬라어 'θλῖψις'(들립시스)는 등을 떠미는 것입니다. 본문에는 참도록 등을 떠미신다는 것입니다. 그러나 **"참으며"**는 'ὑπομονή'(휘포모네)로 성령님은 'ὑπομονή'(휘포모네)하도록 우리의 등을 떠미신다는 것입니다.

성령님은 우리를 하나님의 보좌 앞으로 나가도록 압박을 가하십니다. 우리는 등 떠밀려서라도 보좌 앞으로 나가서 머물러야만 합니다. 이를 통해서 알 수 있는 것은 하나님께서는 우리가 지성소에 들어가 보좌 앞에 머물러 있기를 얼마나 원하시는지를 알 수 있을 것입니다.

*"다만 이뿐 아니라 우리가 환난 중에도 즐거워하나니 이는 **환난은 인내를**,"(롬 5:3)*

*"나 요한은 너희 형제요 예수의 **환난과 나라와 참음에 동참하는 자라** 하나님의 말씀과 예수를 증언하였음으로 말미암아 밧모라 하는 섬에 있었더니"(계 1:9)*

• 성령님은 오늘도 우리를 광야(지성소)로 이끌어 들이려고 하십니다.

*"**곧 성령으로 나를 데리고 광야로 가니라** 내가 보니 여자가 붉은 빛 짐승을 탔는데 그 짐승의 몸에 하나님을 모독하는 이름들이 가득하고 일곱 머리와 열 뿔이 있으며"(계 17:3)*

우리가 성령으로 충만하다면 우리는 지금 광야(지성소)에 있다는 것입니다.

- '**θλῖψις**'(들립시스)는 대부분의 신도들은 이미 체험하셨을 것입니다. 갑자기 기도하고자 하는 마음이 들었을 때가 있었을 것이고, 또 강압적으로 기도를 시켜서 기도할 때가 있었을 것입니다. 이것이 '**θλῖψις**'(들립시스)입니다.

   흔히 우리가 기도 중에 강권적으로 '역사해 주시옵소서!'라고 하는 것이 '**θλῖψις**'(들립시스)입니다.

(2) '**ὑπομονή**'(휘포모네)할 때에 소망(所望)이 생긴다

*"다만 이뿐 아니라 우리가 환난 중에도 즐거워하나니 이는 **환난은 인내를, 인내는 연단을, 연단은 소망을 이루는 줄 앎이로다**"*(롬 5:3-4)

소망(所望)은 개인마다의 소망이 있고 신자로서의 소망이 있습니다. 개인의 소망은 개인마다 다 다를 수밖에 없지만 신자의 소망은 하나로 다 같아야만 합니다.

이스라엘 백성들의 소망이나 오늘날 그리스도인들의 소망도 같아야 합니다. 여러분 구약시대 이스라엘 백성들의 소망은 무엇이었을까요? 그들이 가졌던 소망이 무엇인지를 알아야지 지금 우리가 어떤 소망을 가져야지를 알 수가 있습니다. 자, 여러분들이 신자로서의 소망은 무엇입니까?

성경에서의 소망은 **하나님 나라의 상속자**가 되는 것입니다. 상속자에 대한 소망은 '**ὑπομονή**'(휘포모네)를 하면 할수록 소망이 생긴다고 합니다.

"너희에게 **인내가 필요함은** 너희가 하나님의 뜻을 행한 후에 **약속하신 것을 받기 위함이라**"(히 10:36)

성경은 언약(言約)에 대한 책입니다. 옛 언약을 구약이라고 하고 새 언약을 신약이라고 합니다. 성경의 언약은 무엇인가? **상속자에 대한 언약**입니다.

1) 옛 언약은? 상속자에 대한 언약(言約)입니다

하나님께서는 아브라함에게 그 믿음을 주셨습니다.

"성경이 무엇을 말하느냐 **아브라함이 하나님을 믿으매 그것이 그에게 의로 여겨진 바 되었느니라**"(롬 4:3)
"**기록된 바 내가 너를 많은 민족의 조상으로 세웠다 하심과 같으니 그가 믿은 바 하나님은 죽은 자를 살리시며 없는 것을 있는 것으로 부르시는 이시니라**"(롬 4:17)

하나님께서는 **아브라함의 그 믿음**을 가진 자(믿음의 씨)에게는 가나안 땅을 주어서 상속자가 되게 해 주시겠다고 언약하셨습니다.

"**내가 내 언약을 나와 너 및 네 대대 후손 사이에 세워서 영원한 언약을 삼고 너와 네 후손의 하나님이 되리라/내가 너와 네 후손에게 네가 거류하는 이 땅 곧 가나안 온 땅을 주어 영원한 기업이 되게 하**

고 나는 그들의 하나님이 되리라"(창 17:7-8)

"또한 할례자의 조상이 되었나니 **곧 할례 받을 자에게뿐 아니라 우리 조상 아브라함이 무할례시에 가졌던 믿음의 자취를 따르는 자들에게도 그러하니라/아브라함이나 그 후손에게 세상의 상속자가 되리라고 하신 언약은** 율법으로 말미암은 것이 아니요 오직 믿음의 의로 말미암은 것이니라/만일 율법에 속한 자들이 상속자이면 믿음은 헛것이 되고 약속은 파기되었느니라/율법은 진노를 이루게 하나니 율법이 없는 곳에는 범법도 없느니라/그러므로 **상속자가 되는 그것이 은혜에 속하기 위하여 믿음으로 되나니 이는 그 약속을 그 모든 후손에게 굳게 하려 하심이라** 율법에 속한 자에게뿐만 아니라 아브라함의 믿음에 속한 자에게도 그러하니 아브라함은 우리 모든 사람의 조상이라"(롬 4:12-16)

2) 새 언약도 상속자에 대한 언약입니다

새 언약은 믿음의 조상인 아브라함의 그 믿음으로부터 예수님께로 이어진 그 믿음을 소유한 자에게 주시는 상속자에 대한 언약입니다.

"이로 말미암아 **그는 새 언약의 중보자시니 이는 첫 언약 때에 범한 죄에서 속량하려고 죽으사 부르심을 입은 자로 하여금 영원한 기업의 약속을 얻게 하려 하심이라**"(히 9:15)

새 언약은 십자가와 부활을 통해 이 땅에 이루어진 하나님 나라를 상속하게 하신다는 언약입니다.

> *"자녀이면 또한 상속자 곧 하나님의 상속자요 그리스도와 함께 한 상속자니 우리가 그와 함께 영광을 받기 위하여 고난도 함께 받아야 할 것이니라"*(롬 8:17)

(3) 'θλῖψις'(들립시스)로 지성소에 들어간다는 것의 의미는?

성령님께서는 지성소에 들어가도록 'Push한다/Pressure'하셔서 지성소에 들어가는 것은 어린양의 피(보혈) 안으로 들어가는 것입니다.

> *"내가 말하기를 내 주여 당신이 아시나이다 하니 그가 나에게 이르되* **이는 큰 환난에서 나오는 자들인데 어린 양의 피에 그 옷을 씻어 희게 하였느니라"***(계 7:14)

"씻어, 희게하였느니라"는 모두 **Aorist**시제로 '순간적으로 어린 양의 피로 두루마기를 빨아서 희게 하는' 것입니다.

어린 양의 피 안으로 들어가는 것은 그 피(보혈)로 씻음을 받게 하는 것입니다.

4. 요한계시록의 일곱 교회 가운데서 주님으로부터 칭찬을 받은 교회는?

요한계시록의 일곱 교회 가운데 **빌라델비아 교회**는 주님으로부터 칭찬을 받는 교회였습니다.

> *"네가 **나의 인내의 말씀을 지켰은즉** 내가 또한 너를 지켜 시험의 때를 면하게 하리니 이는 장차 온 세상에 임하여 땅에 거하는 자들을 시험할 때라"(계 3:10)*

빌라델비아 교회가 주님으로부터 칭찬을 받는 교회가 될 수 있었던 것은 "**인내의 말씀을 지켰기 때문**"이라는 것입니다. "**인내**"는 'ὑπομονή'(휘포모네)인데 주님께서 빌라델비아 교회에 'ὑπομονή'(휘포모네)하라고 하신 주님의 말씀에 순종했기 때문에 칭찬을 받는 것입니다. 그래서 마귀의 시험(유혹)을 'ὑπομονή'(휘포모네)로 면했다는 것입니다.

"**시험**"은 헬라어로 'πειρασμός'(페이라스모스)인데, 이는 '유혹/Temptation' 곧 마귀의 유혹을 말합니다.

- 야고보서에서도 마귀의 유혹(Temptation)이 왔을 때 하나님의 보좌 앞에 나가 머무는 자가 복이 있다고 합니다.

> *"**시험을 참는 자는 복이 있나니** 이는 시련을 견디어 낸 자가 주께서*

자기를 사랑하는 자들에게 약속하신 생명의 면류관을 얻을 것이기 때
문이라"(약 1:12)

① 마귀는 '**돈**'으로 사람을 유혹하는데, 돈에 대한 욕심을 넘어 집착하
게 만듭니다. 아홉을 가진 사람은 열을 채우려고 하고, 열을 가지
사람은 백을 만들려고 하는 것이 이것입니다.
② 예수님께서는 부자가 천국에 들어가기가 어렵다고 경고해도 사람
들은 부자가 되려고 혈안이 되어있습니다.

"낙타가 바늘귀로 들어가는 것이 부자가 하나님의 나라에 들어가는
것보다 쉬우니라 하시니"(눅 18:25)

③ 부자가 천국에 들어가려면 어떻게 해야 하는가?

"시험을 참는 자는 복이 있나니"(약 1:12)

부자가 천국에 들어갈 수 있는 것은 'ὑπομονή'(휘포모네) 입니다.

5. 'ὑπομονή'(휘포모네)를 하는 자들이 십사만사천이다

요한계시록 14장에서는 십사만사천이라는 상징적인 숫자가 나오는

 피 뿌린 옷을 입고 말씀(호 로고스) 앞에 머물면서 말을 들어라ㅣ

데 이는 구원받은 성도를 가리킵니다.

*"**성도들의 인내가 여기 있나니** 그들은 하나님의 계명과 예수에 대한 믿음을 지키는 자니라"(계 14:12)*

(1) 십사만사천은 성도(聖徒)입니다

"**성도(聖徒)**"는 일반적으로 '거룩한 무리'라는 의미로 하나님께 속하여 거룩한 삶의 길을 가는 모든 그리스도인을 가리킵니다. 보통 교회에서는 아직 직분을 받지 못한 신도를 가리켜 성도라고 부르기도 하는데 속히 바뀌어야 합니다.

왜냐하면 성도는 'ὑπομονή'(휘포모네), 곧 하나님의 보좌 앞에 나가 머물러 있는 자들이기 때문입니다.

(2) 십사만사천은 'ὑπομονή'(휘포모네)를 하는 자들이다

"**인내**"의 헬라어는 'ὑπομονή'(휘포모네)로 하나님의 보좌 앞에 나가서 머물러 있는 것입니다.

십사만사천은 'ὑπομονή'(휘포모네)로 하나님의 보좌 앞에 나가서 머무르는 자들입니다. 하나님의 보좌 앞에 나가 머무르는 것은 하나님의 말씀을 듣고 순종하기 위함입니다.

이처럼 'ὑπομονή'(휘포모네)를 하는 십사만사천이 구원받은 하나님의 백성이며, 동시에 하늘의 군대들이 되는 것입니다. 만일 'ὑπομονή'(휘포모네)를 하지 않는다면 십사만사천에 속할 수가 없는 것입니다.

(3) 십사만사천은 하나님의 계명(명령)을 지키는 자들이다

"**계명**"은 헬라어로 'ἐντολή'(엔톨레)로 '명령/Commandment'입니다. 하나님과 우리의 올바른 관계는 왕이신 하나님께서 명령하시면 우리는 종으로서 그 말씀에 순종하는 것입니다. 우리가 왕이신 하나님 앞에 나가는 것은 말씀을 듣고 순종하기 위해서 나가는 것이지 다른 것이 아닙니다.

왕이신 하나님의 명령을 듣고 순종하는 자만이 십사만사천에 속하게 됩니다.

(4) 십사만사천은 예수에 대한 믿음을 지키는 자들이다

"**예수에 대한 믿음**"은 'τὴν πίστιν Ἰησοῦ'(텐 피스틴 예수)인데 여기서 "**예수**"는 **소유격**으로 쓰여서 '**예수의**'가 되어야 하고, "**믿음**"은 '관사 + 믿음 = 그 믿음(특별한 믿음)'으로 예수님께서 소유하신 믿음을 가리킵니다. 그래서 '**예수의 그 믿음**'이 됩니다.

이는 예수님이 소유하신 '그 믿음'을 소유하라는 것입니다. 예수님이 소유하신 그 믿음을 소유한 자만이 십사만사천에 속하게 됩니다.

- 예수님이 소유하신 믿음을 소유하기 위해서는 예수님과 하나가 되어야 합니다. 이때 예수님께서 소유하신 그 믿음을 소유하게 됩니다.

 피 뿌린 옷을 입고 말씀(호 로고스) 앞에 머물면서 말을 들어라!

6. 마귀의 유혹을 이기려면 'ὑπομονή'(휘포모네) 해야 한다

성경은 마귀에게 틈을 주지 말라고 합니다.

"마귀에게 틈을 주지 말라"(엡 4:27)

마귀에게 틈을 주는 것은 에베소서 4장 26절에서 28절까지가 키아즘 구조(교차 대구법)로 되어있어서, 키아즘 구조(교차 대구법)에 대해 알면 쉽게 이해가 됩니다.

■ 교차 대구법

교차 대구법은 A-B-Ā의 형태로 A구절과 Ā구절이 대칭되면서 B를 강조(핵심 내용)하는 것입니다.

A: "분을 내어도 죄를 짓지 말며 해가 지도록 분을 품지 말고"(엡 4:26)

B: "마귀에게 틈을 주지 말라"(엡 4:27)

Ā: "도둑질하는 자는 다시 도둑질하지 말고 돌이켜 가난한 자에게 구제할 수 있도록 자기 손으로 수고하여 선한 일을 하라"(엡 4:28)

마귀에게 틈을 주는 것은? **분(화)을 낼 때이고, 돈에 대한 욕심을 낼 때는 마귀에게 틈을 준다는** 것입니다. 마귀에게 틈을 주지 않기 위해서는 분(화)이 날 때에도 돈에 대한 욕심이 생길 때에도 주님 앞에 나가 'ὑπομονή'(휘포모네) 해야 한다는 것입니다.

(1) 'ὑπομονή'(휘포모네)로 마귀의 유혹을 이긴다

*"**시험을 참는 자는 복이 있나니** 이는 시련을 견디어 낸 자가 주께서 자기를 사랑하는 자들에게 약속하신 생명의 면류관을 얻을 것이기 때문이라"(약 1:12)*

마귀의 유혹이 왔을 때 "**참는 자**"는 'ὑπομένει'(휘포메네이)로 **하나님의 보좌 앞으로 나가라는** 것입니다. 마귀의 유혹을 'ὑπομονή'(휘포모네)로 이겨내는 사람이 행복하다는 것입니다.

(2) 'θλῖψις'(들립시스)로 마귀의 유혹을 이긴다

서머나교회는 십 일 동안의 'θλῖψις'(들립시스)를 통해서 하나님의 보좌 앞으로 나가 머물므로 마귀의 유혹(Temptation)을 이겨냈다고 합니다.

주님께서는 마귀의 유혹에 빠져 있는 서머나 교회를 향해 십 일 동안 환난을 받으라고 합니다.

*"너는 장차 받을 고난을 두려워하지 말라 볼지어다 마귀가 장차 너희 가운데에서 몇 사람을 옥에 던져 시험을 받게 하리니 **너희가 십 일 동안 환난을 받으리라** 네가 죽도록 충성하라 그리하면 내가 생명의 관을 네게 주리라"(계 2:10)*

서머나 교회는 십 일 동안의 'θλῖψις'(들립시스)로 **하나님의 보좌(지성소) 앞으로 나가 머물라**는 것입니다. 그를 통해서 마귀의 유혹으로 부터 벗어나라는 것입니다.

마귀의 유혹(Temptation)을 이길 수 있는 것은?

'θλῖψις'(들립시스) 곧 성령님의 'Push한다/Pressure'로 하나님의 보좌 앞에 나가서 머물러 있는 것입니다. 서머나 교회는 십 일 동안의 'θλῖψις'(들립시스)를 통해서 마귀의 유혹을 이겨냈다는 것입니다.

- 대부분의 그리스도인들이 넘어지는 것은? 'θλῖψις'(들립시스)를 따르지 않기 때문입니다.

7. 'ὑπομονή'(휘포모네)의 대표적인 위인은?

성경의 신앙의 위인들은 하나같이 'ὑπομονή'(휘포모네)를 했습니다. 그중에서도 구약의 다윗 왕과 신약의 마리아가 대표적으로 'ὑπομονή'(휘포모네)를 한 신앙의 위인입니다.

(1) 구약: 다윗 왕

다윗은 시온(다윗성)에 장막을 치고 언약궤(법궤)를 두었습니다. (다윗의 장막)

“하나님의 궤를 메고 들어가서 **다윗이 그것을 위하여 친 장막 가운데에 두고** 번제와 화목제를 하나님께 드리니라”(대상 16:1)

다윗은 날마다 장막의 언약궤(법궤) 앞에 나가 하나님의 얼굴을 구했습니다.

“여호와와 그의 능력을 구할지어다 **항상 그의 얼굴을 찾을지어다**”
(대상 16:11)

1) 다윗은 대제사장만이 입을 수 있는 에봇을 입고 있었습니다

“다윗이 여호와 앞에서 힘을 다하여 춤을 추는데 **그 때에 다윗이 베에봇을 입었더라**”(삼하 6:14)
“다윗과 및 궤를 멘 레위 사람과 노래하는 자와 그의 우두머리 그나냐와 모든 노래하는 자도 다 세마포 겉옷을 입었으며 **다윗은 또 베에봇을 입었고**”(대상 15:27)

- 대제사장만이 입는 에봇의 흉패 안에는 우림과 둠밈을 넣었는데 대제사장이 하나님께 나가서 물어(Ask)볼 때에 하나님은 우림과 둠밈으로 대답하셨습니다.

“너는 **우림과 둠밈을 판결 흉패 안에 넣어** 아론이 여호와 앞에 들어

 피 뿌린 옷을 입고 말씀(호 로고스) 앞에 머물면서 말을 들어라 l

갈 때에 그의 가슴에 붙이게 하라 **아론은 여호와 앞에서 이스라엘 자손의 흉패를 항상 그의 가슴에 붙일지니라**"(출 28:30)

2) 다윗이 'ὑπομονή'(휘포모네)를 한 사례들

① 블레셋이 그일라를 쳤을 때

"이에 **다윗이 여호와께 묻자와 이르되 내가 가서 이 블레셋 사람들을 치리이까 여호와께서 다윗에게 이르시되 가서 블레셋 사람들을 치고 그일라를 구원하라** 하시니/다윗의 사람들이 그에게 이르되 보소서 우리가 유다에 있기도 두렵거든 하물며 그일라에 가서 블레셋 사람들의 군대를 치는 일이리이까 한지라/**다윗이 여호와께 다시 묻자온대 여호와께서 대답하여 이르시되 일어나 그일라로 내려가라 내가 블레셋 사람들을 네 손에 넘기리라** 하신지라"(삼상 23:2-4)

② 사울 왕이 다윗 왕을 해하려 할 때

"다윗은 사울이 자기를 해하려 하는 음모를 알고 제사장 아비아달에게 이르되 **에봇을 이리로 가져오라** 하고/**다윗이 이르되 이스라엘 하나님 여호와여** 사울이 나 때문에 이 성읍을 멸하려고 그일라로 내려오기를 꾀한다 함을 주의 종이 분명히 들었나이다/그일라 사람들이 나를 그의 손에 넘기겠나이까 주의 종이 들은 대로 사울이 내려 오겠나이까 이스라엘의 하나님 여호와여 원하건대 주의 종에게 일러 주

웁소서 하니 **여호와께서 이르시되 그가 내려오리라** 하신지라/**다윗이 이르되 그일라 사람들이 나와 내 사람들을 사울의 손에 넘기겠나이까** 하니 **여호와께서 이르시되 그들이 너를 넘기리라** 하신지라"
(삼상 23:9-12)

③ 아멜렉이 다윗 왕을 비롯한 부하들의 부인과 자녀들을 사로잡아
　　갔을 때

"다윗이 여호와께 묻자와 이르되 내가 이 군대를 추격하면 따라잡겠나이까 하니 여호와께서 그에게 대답하시되 그를 쫓아가라 네가 반드시 따라잡고 도로 찾으리라"(삼상 30:8)

④ 다윗 왕이 성읍으로 올라가려고 할 때

"그 후에 다윗이 여호와께 여쭈어 아뢰되 내가 유다 한 성읍으로 올라가리이까 **여호와께서 이르시되 올라가라 다윗이 아뢰되 어디로 가리이까 이르시되 헤브론으로 갈지니라"**(삼하 2:1)

⑤ 블레셋이 공격해 올 때

"다윗이 여호와께 여쭈어 이르되 내가 블레셋 사람에게로 올라가리이까 여호와께서 그들을 내 손에 넘기시겠나이까 하니 **여호와께서**

　피 뿌린 옷을 입고 말씀(호 로고스) 앞에 머물면서 말을 들어라 |

다윗에게 말씀하시되 올라가라 내가 반드시 블레셋 사람을 네 손
에 넘기리라 하신지라”(삼하 5:19)

(2) 신약: 마리아

“그들이 길 갈 때에 예수께서 한 마을에 들어가시매 **마르다라 이름
하는 한 여자가 자기 집으로 영접하더라**/그에게 **마리아라 하는 동
생이 있어 주의 발치에 앉아 그의 말씀을 듣더니**/마르다는 준비하는
일이 많아 마음이 분주한지라 예수께 나아가 이르되 주여 내 동생이
나 혼자 일하게 두는 것을 생각하지 아니하시나이까 그를 명하사 나
를 도와 주라 하소서/주께서 대답하여 이르시되 마르다야 마르다야
네가 많은 일로 염려하고 근심하나/몇 가지만 하든지 혹은 한 가지만
이라도 족하니라 마리아는 이 좋은 편을 택하였으니 빼앗기지 아니하
리라 하시니라”(눅 10:38-42)

1) 마리아가 “주의 발치에 앉아 그의 말씀을 듣더니”

“그에게 마리아라 하는 동생이 있어 **주의 발치에 앉아 그의 말씀을
듣더니**”(눅 10:39)

주의 발치에 앉아 그의 말씀을 듣는 것이 ‘ὑπομονή’(휘포모네)입니다.
“말씀”은 헬라어로 ‘τὸν λόγον’(톤 로곤)으로 말씀이신 그리스도를 가

리킵니다. 마리아가 말씀(ὁ λόγος) 앞에 머무는 것은 말(λόγος)을 듣기 위한 것입니다.

- 보좌에 나가서 머무르는 목적은 하나입니다.
  보좌에서 음성이 나오기 때문에 음성을 듣기 위한 것입니다.

"보좌에서 음성이 나서 이르시되 하나님의 종들 곧 그를 경외하는 너희들아 작은 자나 큰 자나 다 우리 하나님께 찬송하라 하더라"(계 19:5)
"내가 들으니 보좌에서 큰 음성이 나서 이르되 보라 하나님의 장막이 사람들과 함께 있으매 하나님이 그들과 함께 계시리니 그들은 하나님의 백성이 되고 하나님은 친히 그들과 함께 계셔서"(계 21:3)

- 엘리야가 호렙산에 올라간 이유도 마찬가지로 하나입니다.

"여호와께서 이르시되 너는 나가서 여호와 앞에서 산에 서라 하시더니 여호와께서 지나가시는데 여호와 앞에 크고 강한 바람이 산을 가르고 바위를 부수나 바람 가운데에 여호와께서 계시지 아니하며 바람 후에 지진이 있으나 지진 가운데에도 여호와께서 계시지 아니하며/또 지진 후에 불이 있으나 불 가운데에도 여호와께서 계시지 아니하더니 불 후에 세미한 소리가 있는지라"(왕상 19:11-12)

하나님의 음성은 세미한 음성입니다. 세미한 음성을 듣기 위해서는 하나님께 더 가까이 나가야 합니다.

2) 열심히 일하는 마르다는 동생 마리아에 대해 주님께 불평을 합니다

*"마르다는 **준비하는 일이 많아 마음이 분주한지라** 예수께 나아가 이르되 주여 내 동생이 나 혼자 일하게 두는 것을 생각하지 아니하시나이까 그를 명하사 나를 도와 주라 하소서"(눅 10:40)*

열심히 일하는 마르다의 눈에는 마리아가 한심해 보일 뿐 아니라 게으르게만 보일 뿐입니다. 그래서 마르다는 마리아가 마음에 들지 않는 것입니다.

3) 마르다의 불평에 대한 예수님의 대답은?

*"주께서 대답하여 이르시되 마르다야 마르다야 **네가 많은 일로 염려하고 근심하나/몇 가지만 하든지 혹은 한 가지만이라도 족하니라** 마리아는 이 좋은 편을 택하였으니 빼앗기지 아니하리라 하시니라"*
(눅 10:41-42)

"몇 가지만 하든지 혹은 한 가지만이라도 족하니라"고 하는 번역은 어떤 사본에는 있고, 또 다른 사본에는 다르게 표현되어 있습니다.

우리가 보는 헬라어 대조 성경을 보면 "ἑνὸς δέ ἐστιν χρεία"로 'ἑνὸς'

(에노스)는 기수로서 '**하나**'를, 'χρεία'(크레이아)는 '**필요한 것은**'이라는 말입니다.

이 말씀은 '**필요한 것은 한 가지다**'라는 것입니다. **우리에게 필요한 꼭 한 가지는 주님의 발치 앞에 나가 앉아서 주의 말씀을 듣는 것이라**는 것입니다.

마리아는 이 좋은 편(필요한 한 가지)을 선택했다는 것입니다.

4) 이후에 마르다와 마리아의 행보를 보면은?

"*유월절 엿새 전에 예수께서 베다니에 이르시니 이 곳은 예수께서 죽은 자 가운데서 살리신 나사로가 있는 곳이라/거기서* **예수를 위하여 잔치할새 마르다는 일을 하고 나사로는 예수와 함께 앉은 자 중에 있더라/마리아는 지극히 비싼 향유 곧 순전한 나드 한 근을 가져다가 예수의 발에 붓고 자기 머리털로 그의 발을 닦으니 향유 냄새가 집에 가득하더라**"(요 12:2-3)

① 마르다는 여전히 예수님을 위하여 열심히 일을 하고 있습니다.
② 마리아는 향유를 예수님의 발에 붓고 머리털로 발을 닦았습니다.

"*마리아는 지극히 비싼 향유 곧 순전한 나드 한 근을 가져다가 예수의 발에 붓고 자기 머리털로 그의 발을 닦으니 향유 냄새가 집에 가득하더라*"(요 12:3)

   피 뿌린 옷을 입고 말씀(호 로고스) 앞에 머물면서 말을 들어라 |

"가져다가, 붓고, 닦으니"는 모두 **Aorist시제**로 마리아가 이와 같이 한 것은 마리아가 스스로의 생각으로 한 것이 아니라 순간적으로 성령의 인도에 따라서 한 것입니다.

마리아는 순간적으로 성령의 인도를 받아서 그대로 순종해서 한 것입니다. 마리아가 이와 같이 예수님의 장례를 미리 준비할 수 있었던 것은 'ὑπομονή'(휘포모네)의 **열매**였습니다.

> *"그는 힘을 다하여 내 몸에 향유를 부어 **내 장례를 미리 준비하였느니라"**(막 14:8)*

- 마르다는 스스로 알아서 일을 하는 타입이고, 마리아는 주님의 말을 듣고 일을 하는 타입입니다.
  나는 어떤 타입인가? 자신을 진단해 보시기를 바랍니다.

③ 예수님께서는 마리아가 행한 이 일을 복음을 전할 때마다 함께 전하라고 하셨습니다.

> *"내가 진실로 너희에게 이르노니 **온 천하에 어디서든지 이 복음이 전파되는 곳에서는 이 여자가 행한 일도 말하여 그를 기억하리라** 하시니라"(마 26:13)*

(3) 야보고 사도는? 욥을 'ὑπομονή'(휘포모네)의 사람이라고 한다

> *"보라 **인내하는 자를 우리가 복되다 하나니 너희가 욥의 인내를 들***
> ***었고** 주께서 주신 결말을 보았거니와 주는 가장 자비하시고 긍휼히*
> *여기시는 이시니라"(약 5:11)*

욥은 신앙생활이 '**ὑπομονή**'(휘포모네)라는 것을 깨닫게 되었고
'**ὑπομονή**'(휘포모네)를 한 것입니다.

> *"내가 주께 대하여 귀로 듣기만 하였사오나 **이제는 눈으로 주를 뵈***
> ***옵나이다"(욥 42:5)*

야보고 사도가 욥이 '**ὑπομονή**'(휘포모네)의 신앙의 사람이라고 쓰는
것은 유대인들은 **욥기서의 핵심이 'ὑπομονή**'(휘포모네)라는 것을 너무
도 잘 알고 있었기 때문입니다.

이후에 욥은 친구들을 위하여 기도합니다. 욥이 마침내 하나님의 집
에 나가서 하나님의 뜻대로 기도하는 사람이 되었을 때 하나님께서는
이런 욥에게 갑절의 복을 주셨습니다.

> *"**욥이 그의 친구들을 위하여 기도할 때** 여호와께서 욥의 곤경을 돌*
> *이키시고 **여호와께서 욥에게 이전 모든 소유보다 갑절이나 주신***
> ***지라"(욥 42:10)*

"여호와께서 **욥의 말년에 욥에게 처음보다 더 복을 주시니** 그가 양

만 사천과 낙타 육천과 소 천 겨리와 암나귀 천을 두었고"(욥 42:12)

여러분 하나님께 나가서 하나님 뜻대로 기도하는 기도의 사람이 되면
욥과 같이 갑절의 복을 받게 될 것입니다.

임마누엘이란?
피 뿌린 옷을 입고
말씀(ὁ λόγος) 앞에 머물면서
말(λόγος)을 듣는 것이다

사도바울은 로마교회에 **"그의 피로써"** 하나님께 나가라고 합니다.

"이 예수를 하나님이 그의 피로써 믿음으로 말미암는 화목제물로 세우셨으니 이는 하나님께서 길이 참으시는 중에 전에 지은 죄를 간과하심으로 자기의 의로우심을 나타내려 하심이니"(롬 3:25)

"화목제물"은 헬라어로 'ἱλαστήριον'(힐라스테리온)으로 화목제물이 아닌 '**은혜의 보좌**'를 가리키고, **"그의 피로써"**는 헬라어로 'ἐν τῷ αὐτῷ αἵματι'(엔 토 아우투 하이마티)로 그의 피로써가 아닌 '그의 그 피 안에서(In)'가 됩니다. **정리해 보면 그의 피 안으로 들어가서 은혜의 보좌로 나가라**는 것입니다. 하나님의 보좌로 나가기 위해서는 피(보혈) 안으로(In) 들어가야 합니다.

또 에베소서에서는 **"그의 피로 말미암아"** 속량을 받으라고 합니다.

*"우리는 그리스도 안에서 그의 은혜의 풍성함을 따라 **그의 피로 말미암아** 속량 곧 죄 사함을 받았느니라"(엡 1:7)*

 피 뿌린 옷을 입고 말씀(호 로고스) 앞에 머물면서 말을 들어라 I

"**그의 피로 말미암아**"는 헬라어로 '**δια τοῦ αἵματος αὐτοῦ**'(디아 투 하이마토스 아우투)인데 여기서 '**말미암아**'로 쓰인 전치사 '**δια**'(디아)가 **소유격**으로 쓰여서 '통하여(Through)'입니다. 속량(贖良)을 받는 것은 '그리스도 안에서'이고, '그의 그 피를 통해서'만 가능하다는 것입니다.

성령님은 오늘도 우리가 보혈 안으로 들어가도록 이끌고 계십니다.

"내가 말하기를 내 주여 당신이 아시나이다 하니 그가 나에게 이르되 **이는 큰 환난에서 나오는 자들인데 어린 양의 피에 그 옷을 씻어 희** *게 하였느니라"(계 7:14)*

"**환난**"은 헬라어 '**θλῖψις**'(들립시스)'로 성령님께서 지성소에 들어가도록 'Push한다'하셔서 지성소에 들어가게 하십니다. 이것은 어린양의 피(보혈) 안으로(In) 들어가게 하시는 것입니다.

1. 피 뿌린 옷을 입어라

*"**내 살을 먹고 내 피를 마시는 자**는 내 안에 거하고 나도 그의 안에* *거하나니"(요 6:56)*

"내 살(**σάρξ**/사륵스)을 먹고 내 피(보혈)를 마시는 자"는 "내 안에 거하고 나도 그의 안에 거하나니”라고 하셨습니다. 주님과 내가 하나가 되는 것이 임마누엘입니다. 하나님께 나가기 위해서는 우리가 먼저 주님의 살을 먹고 피를 마셔야지 임마누엘 되고 이때 하나님 아버지께 나가는 것이 가능하게 되는 것입니다.

“먹고, 마시는”는 **현재시제**로 쓰여서 항상 주님의 살을 먹고(Eating), 주님의 피를 마셔야(Drinking)만 한다고 합니다. 그래서 우리는 항상 주님의 살을 먹고 피를 마셔야만 하는 것입니다.

요한복음 15장에서는 우리가 먼저 주 안에 거하라고 하셨습니다. 그러면 주님께서 우리 안에 거하신다고 하셨습니다.

*“**내 안에 거하라 나도 너희 안에 거하리라** 가지가 포도나무에 붙어 있지 아니하면 스스로 열매를 맺을 수 없음 같이 너희도 내 안에 있지 아니하면 그러하리라”(요 15:4)*

우리가 주님의 살을 먹고 피를 마셔야 하는 것은 주님의 강한 육신(肉身: σάρξ/사릌스)으로 하나님 아버지께 나가기 위함입니다.

*“시험에 들지 않게 깨어 기도하라 **마음에는 원이로되 육신이 약하도다 하시고”**(마 26:41)*

그리고 피 뿌린 옷을 입고 하나님께 나가기 위함입니다.

 피 뿌린 옷을 입고 말씀(호 로고스) 앞에 머물면서 말을 들어라 |

"또 **그가 피 뿌린 옷을 입었는데** 그 이름은 하나님의 말씀이라 칭하
더라"*(계 19:13)*

"내가 말하기를 내 주여 당신이 아시나이다 하니 그가 나에게 이르되
이는 큰 **환난에서 나오는 자들인데 어린 양의 피에 그 옷을 씻어 희
게 하였느니라**/그러므로 그들이 **하나님의 보좌 앞에 있고 또 그의
성전에서 밤낮 하나님을 섬기매** 보좌에 앉으신 이가 그들 위에 장막
을 치시리니"*(계 7:14-15)*

피 뿌린 옷을 입을 때에 어린 양의 피에 우리의 옷(예복)을 씻어 희게
하여 흰 옷을 입고 하나님의 보좌 앞으로 나가서 하나님을 섬길 수 있
게 됩니다.

(1) 보혈(寶血)과 성부 하나님

보혈 안에 있으면 보혈이 하나님의 보좌 앞으로 나갈 수 있게 하고, 하
나님을 섬길 수 있게 합니다.

"하물며 영원하신 성령으로 말미암아 흠 없는 자기를 하나님께 드린
**그리스도의 피가 어찌 너희 양심을 죽은 행실에서 깨끗하게 하고
살아 계신 하나님을 섬기게 하지 못하겠느냐**"*(히 9:14)*

"내가 말하기를 내 주여 당신이 아시나이다 하니 그가 나에게 이르되
이는 큰 환난에서 나오는 자들인데 **어린 양의 피에 그 옷을 씻어 희
게 하였느니라**/그러므로 그들이 하나님의 보좌 앞에 있고 또 **그의 성**

전에서 밤낮 하나님을 섬기매* 보좌에 앉으신 이가 그들 위에 장막을
치시리니"(계 7:14-15)*

"**섬김**"은 헬라어 'λατρεύω'(라트류오)로 신(神)을 위해서 봉사하는
제사장적 섬김을 말합니다. 제사장은 오직 하나님만을 섬기는 자로 부
름을 받은 것입니다. 제사장은 하나님을 섬기는 일에만 신경을 쓰고 하
나님을 섬기는 일에 충실해야 합니다.

우리는 이를 위해서 부름을 받은 하나님의 일꾼들입니다.

*"너희가 조세를 바치는 것도 이로 말미암음이라 그들이 **하나님의 일
꾼이 되어 바로 이 일에 항상 힘쓰느니라**"(롬 13:6)*

"**일꾼**"은 헬라어 'λειτουργός'(레이투르고스)로 **하나님을 섬기는 제
사장적인 사역자**입니다. 일꾼은 제사장으로서 하나님께 나가는 일에 항
상 힘써야 한다는 것입니다.

• 'λατρεύω'(라트류오)라는 단어에서 명사 '**예배**'(라트레이아/
λατρεία)라는 단어가 유래되었습니다.

"그러므로 형제들아 내가 하나님의 모든 자비하심으로 너희를 권하
노니 너희 몸을 하나님이 기뻐하시는 거룩한 산 제물로 드리라 이는
너희가 드릴 영적 예배니라"(롬 12:1)

 피 뿌린 옷을 입고 말씀(호 로고스) 앞에 머물면서 말을 들어라 |

(2) 보혈(寶血)과 성자 하나님

보혈 안에 있으면 주님과의 교제가 이루어지고 친밀한 관계를 맺게 됩니다.

> "그러나 사데에 그 옷을 더럽히지 아니한 자 몇 명이 네게 있어 **흰 옷 을 입고 나와 함께 다니리니** 그들은 합당한 자인 연고라"(계 3:4)

"**다니리니**"는 헬라어 '**περιπατέω**'(페리파테오)입니다.

'**περιπατέω**'(페리파테오) = 페리 **περι**(주변을) + 파테오 **πατέω**(걷다)'로 하나님과 주변을 두루 다니며 걸으면서 친밀한 교제를 하는 것을 말합니다.

주님께서는 우리를 종이 아닌 "**친구**"로 대해 주십니다.

> "너희는 **내가 명하는 대로 행하면 곧 나의 친구라**"(요 15:14)

친구는 많은 시간을 함께하면서 대화를 나누게 되고, 대화를 나누면 나눌수록 더욱 친근한 사이로 발전되어 갑니다. 이렇게 친근한 친구 사이가 되면 비밀이 없을 정도의 친구가 됩니다.

> "이제부터는 너희를 종이라 하지 아니하리니 종은 주인이 하는 것을 알지 못함이라 **너희를 친구라 하였노니** 내가 내 아버지께 들은 것을 다 너희에게 알게 하였음이라"(요 15:15)

"**알게**"의 헬라어는 'ἐγνώρισα'(에그노리사)로 '**관계를 통해서 아는 것**'입니다. 이때 하나님 아버지께 들은 것을 다 우리에게 알려주시겠다는 것입니다.

'**알게**'는 히브리어로 'יָדַע'(야다)입니다. 'יָדַע'(야다)는 **관계를 통해서** 아는 것입니다. 이는 남녀 간에 결혼을 통해서 서로에 대해서 아는 것으로, 결혼을 통해서 깊이 아는 것을 말합니다.

◼ 여리고 성의 기생 라합

"말하되 여호와께서 이 땅을 너희에게 주신 줄을 **내가 아노라** 우리가 너희를 심히 두려워하고 이 땅 주민들이 다 너희 앞에서 간담이 녹나니"(수 2:9)

"**아노니**"는 히브리어 'יָדַע'(야다)로 라합은 하나님과의 관계를 통해서 알았다는 것입니다.

이는 라합이 믿음의 여인이었음을 보여 주는 것입니다. 라합은 믿음의 계보에도 등장할 정도로 믿음의 여인이었습니다.

"*살몬은* **라합에게서 보아스를 낳고** *보아스는 룻에게서 오벳을 낳고 오벳은 이새를 낳고*"(마 1:5)

그렇다면 우리는 주님과 어느 정도로 친밀한 관계가 되어야 할까요?

"너희에게는 머리털까지 다 세신 바 되었나니"(마 10:30)

하나님이시니까 머리털이 몇 개인지를 아시겠지? 그러나 아닙니다. 이것은 관계를 통해서 아는 것을 말합니다. 그만큼 오랜 시간을 함께하며 교제를 나누었다는 증거입니다.

우리가 흔히 친한 사람에 대한 표현으로 나는 그 사람 집에 숟가락이 몇 개이고, 밥그릇이 몇 개인지 안다고 합니다. 이것은 무엇을 말하는 것이니까? 그만큼 오랜 시간을 함께하면서 교제했기 때문에 아는 것입니다.

우리가 주님과의 관계가 이 정도만 되면 얼마나 좋겠습니까? 늦지 않았습니다. 주님을 찾아가는 것으로부터 시작해서 주님을 만나고 주님과 교제(대화)를 나누면 되는 것입니다.

"하나님이 이스라엘 자손들의 존귀한 자들에게 손을 대지 아니하셨고 그들은 **하나님을 뵙고 먹고 마셨더라**"(출 24:11)

▣ 아브라함과 소돔과 고모라

하나님께서는 아브라함을 벗이라고 하셨습니다.

"이에 성경에 이른 바 아브라함이 하나님을 믿으니 이것을 의로 여기셨다는 말씀이 이루어졌고 그는 **하나님의 벗이라** 칭함을 받았나니"
(약 2:23)

하나님께서는 벗인 아브라함에게 비밀을 알려 주셨습니다.

*"그 사람들이 거기서 일어나서 **소돔으로 향하고 아브라함은 그들을
전송하러 함께 나가니라**/여호와께서 이르시되 **내가 하려는 것을 아
브라함에게 숨기겠느냐**"*(창 18:16-17)

■ 모세

*"**사람이 자기의 친구와 이야기함 같이 여호와께서는 모세와 대면하
여 말씀하시며** 모세는 진으로 돌아오나 눈의 아들 젊은 수종자 여호
수아는 회막을 떠나지 아니하니라"*(출 33:11)
*"**그와는 내가 대면하여 명백히 말하고 은밀한 말로 하지 아니하며
그는 또 여호와의 형상을 보거늘** 너희가 어찌하여 내 종 모세 비방하
기를 두려워하지 아니하느냐"*(민 12:8)

(3) 보혈(寶血)과 성령 하나님

보혈 안에 있으면 성령으로 충만하여지게 됩니다.

"성령과 물과 피라 또한 이 셋은 합하여 하나이니라"(요일 5:8)

성령으로 충만은 주님의 명령입니다.

 피 뿌린 옷을 입고 말씀(호 로고스) 앞에 머물면서 말을 들어라 |

*"술 취하지 말라 이는 방탕한 것이니 **오직 성령으로 충만함을 받으라***"*
(엡 5:18)

"충만함을 받으라"의 헬라어는 **πληρόω**(플레로오)로 '충만하다'인데 **'명령형/현재시제'**로 쓰여서 '항상 성령으로 충만하라!'는 것이고, 또 **'수동태'로 쓰여서** '항상 성령으로 충만해지라!'는 것입니다.

성령으로 충만해지면 성령의 인도를 받게 되고 성령의 음성을 듣게 됩니다.

"무릇 하나님의 영으로 인도함을 받는 사람은 곧 하나님의 아들이라"
(롬 8:14)

반대로 보혈 안에 있지 않으면 성령을 소멸하게 되는 것입니다.

"성령을 소멸하지 말며"(살전 5:19)

"소멸하지 말며"는 헬라어로 **σβέννυμι**(스벤누미)로 **'명령형/현재시제'**로 '지금 불을 꺼뜨리지 말라'는 것입니다.

마태복음 25장에서 신랑을 맞으러 나간 열 처녀의 비유가 나옵니다.
슬기로운 다섯 처녀는 **등과 기름**을 준비했고, 미련한 다섯 처녀는 **등만** 준비하고 기름을 준비하지 않았습니다.

마침내 신랑이 오고 신랑을 맞으러 나오라 할 때에 미련한 다섯 처녀가 슬기로운 다섯 처녀에게 기름을 나누어 달라고 간청을 합니다. 그러나 슬기로운 다섯 처녀는 미련한 다섯 처녀에게 다음과 같이 말을 합니다.

> "슬기 있는 자들이 대답하여 이르되 우리와 너희가 쓰기에 다 부족할까 하노니 **차라리 파는 자들에게 가서 너희 쓸 것을 사라 하니**"
> *(마 25:9)*

"차라리 기름을 파는 자들에게 가서 사라"는 것입니다. 기름을 파는 자가 누구입니다. 바로 그리스도입니다. 그리스도는 메시야라는 의미와 기름 부음을 받은 자라는 의미이지만 사실은 **기름을 붓는 자**라는 의미입니다.

> "나도 그를 알지 못하였으나 나를 보내어 물로 세례를 베풀라 하신 그이가 나에게 말씀하시되 성령이 내려서 누구 위에든지 머무는 것을 보거든 **그가 곧 성령으로 세례를 베푸는 이인 줄 알라 하셨기에**"
> *(요 1:33)*

- 성령 충만은 항상 기름으로 가득 차 있는 것입니다.

> "슬기 있는 자들은 **그릇에 기름을 담아 등과 함께 가져갔더니**"(마 25:4)

*"그들이 사러 간 사이에 **신랑이 오므로 준비하였던 자들은 함께 혼인 잔치에 들어가고 문은 닫힌지라**"*(마 25:10)

- 한때 아브라함도 이스마엘을 낳고 기를 때까지 15년간 성령을 소멸한 채로 살았었습니다. 성령을 소멸한 채 살았던 아브라함이 제단 앞에 나가 머무르면서 회복이 되어 성령으로 충만하게 되었습니다.

*"**여호와께서 마므레의 상수리나무들이 있는 곳에서** 아브라함에게 나타나시니라 날이 뜨거울 때에 **그가 장막 문에 앉아 있다가**"*(창 18:1)

성령을 소멸한 사람이 성령으로 충만해지는 것은 그리스도 앞에 나가서 머무는 것뿐입니다.

(4) 보혈(寶血)과 마귀

보혈 안에 있을 때 마귀를 이기게 됩니다.

*"**근신하라 깨어라 너희 대적 마귀가 우는 사자 같이 두루 다니며 삼킬 자를 찾나니/너희는 믿음을 굳건하게 하여 그를 대적하라** 이는 세상에 있는 너희 형제들도 동일한 고난을 당하는 줄을 앎이라"*(벧전 5:8-9)

마귀는 배고픈 사자가 으르렁거리는 것과 같이 삼킬 자를 찾고 있습

니다. 마귀가 삼키고자 하는 사람은 자신의 나라에 가장 위협이 되는 ‘
그 믿음’(ἡ πίστις)의 사람입니다.

예수님께서는 사탄이 베드로를 밀 까부르듯 하여 그 믿음에서 떨어
지게 하려고 할 때에 그 믿음에서 떨어지지 않기를 위해 기도하셨다고
합니다.

> *“시몬아, 시몬아, 보라 사탄이 너희를 밀 까부르듯 하려고 요구하였으*
> *나/그러나 **내가 너를 위하여 네 믿음이 떨어지지 않기를 기도하였노***
> *니 너는 돌이킨 후에 네 형제를 굳게 하라”(눅 22:31-32)*

만일 예수님께서 기도하지 않으셨다면 베드로는 그 믿음에서 떨어졌
을 것입니다.

사도바울도 부활하신 그리스도를 만나기 전에 멸하려던 했던 것이 그
믿음이었던 것입니다.

> *“다만 우리를 박해하던 자가 **전에 멸하려던 그 믿음을 지금 전한다***
> *함을 듣고”(갈 1:23)*

사탄은 오늘도 ‘그 믿음’(ἡ πίστις)을 가진 자를 멸하기 위해서 혈안이
되어 있는 것입니다. 그 믿음의 사람이 승리하는 것은 어린 양의 피 안
에 있을 때입니다.

 피 뿌린 옷을 입고 말씀(호 로고스) 앞에 머물면서 말을 들어라 |

“또 우리 형제들이 **어린 양의 피와 자기들이 증언하는 말씀으로써 그를 이겼으니** 그들은 죽기까지 자기들의 생명을 아끼지 아니하였도다”

(계 12:11)

어린 양의 피(보혈) 안에 있으면 항상 승리하게 됩니다.

“항상 우리를 그리스도 안에서 이기게 하시고 우리로 말미암아 각처에서 그리스도를 아는 냄새를 나타내시는 하나님께 감사하노라”

(고후 2:14)

▣ 애굽에서의 이스라엘 백성들이 지켜야 할 유월절 규례

“우슬초 묶음을 가져다가 그릇에 담은 피에 적셔서 **그 피를 문 인방과 좌우 설주에 뿌리고 아침까지 한 사람도 자기 집 문 밖에 나가지 말라**/여호와께서 애굽 사람들에게 재앙을 내리려고 지나가실 때에 문 인방과 좌우 문설주의 피를 보시면 여호와께서 그 문을 넘으시고 멸하는 자에게 너희 집에 들어가서 너희를 치지 못하게 하실 것이니라”*(출 12:22-23)*

(5) 보혈(寶血)과 하나님 나라(왕국)

보혈 안에 있을 때 하나님 나라(왕국)에 들어간 것입니다.

*"나 요한은 너희 형제요 예수의 **환난과 나라와 참음에 동참하는 자
라** 하나님의 말씀과 예수를 증언하였음으로 말미암아 밧모라 하는 섬
에 있었더니"(계 1:9)*

"**나라**"는 헬라어로 '**βασιλεία**'(바실레이아)인데 '**왕국/Kingdom**'을 뜻
합니다. 하나님 왕국은 하나님께서 왕으로 다스리고 통치하는 나라입
니다. 하나님 왕국에 들어간다는 것은 왕이신 그리스도의 통치와 다스
림을 받기 위한 것입니다.

1) 현재적 하나님 왕국

성경에서 말하는 하나님 왕국 또는 천국은 현재적 하나님 나라를 말
하는 것이지 죽어서 가는 천국을 말하는 것이 아닙니다. 물론 성경은 죽
어서 가는 천국도 말씀하고 있지만 성경 대부분은 현재적 하나님 왕국
에 대해서 말씀하고 있는 것입니다.

현재적 하나님 왕국이란 왕이신 그리스도의 다스림과 통치를 받는
통치의 개념입니다. 왕이신 그리스도께서는 말로 다스리고 통치하시
는데 우리는 그 말을 듣고 순종하기 위해서 왕이신 그리스도께로 나가
는 것입니다.

2) 영원한 하나님 나라(천국)

우리가 흔히 알고 소망하는 죽어서 가는 천국을 말합니다.

 피 뿌린 옷을 입고 말씀(호 로고스) 앞에 머물면서 말을 들어라 I

*"또 내가 **새 하늘과 새 땅을 보니** 처음 하늘과 처음 땅이 없어졌고 바다도 다시 있지 않더라"(계 21:1)*

*"그 성곽은 벽옥으로 쌓였고 **그 성은 정금인데 맑은 유리 같더라"***
(계 21:18)

(6) 보혈(寶血)과 성결(聖潔)

보혈 안에 있을 때 성결(聖潔)하게 됩니다.

하나님께 나가기 위해서는 흠과 티가 없어야 합니다.

*"자기 앞에 영광스러운 교회로 세우사 **티나 주름 잡힌 것이나 이런 것들이 없이 거룩하고 흠이 없게 하려 하심이라"***(엡 5:27)

비록 흠과 티가 있더라도 보혈 안에 있을 때 깨끗하게 됩니다. 우리 스스로가 정죄(定罪)하게 되면 하나님께 나갈 수가 없습니다. '나는 죄가 많아서….'

그러나 보혈 안에 있을 때 주님께서는 우리의 흠과 티를 깨닫게 하시고, 우리로 하여금 회개(悔改)하게 하십니다. 이때 우리는 회개하면 되는 것입니다.

하나님께서는 우리를 인격적으로 대해 주시는 분이십니다. 지레 겁을 먹고 두려워하게 되면 하나님께 나갈 수가 없게 됩니다.

이스라엘 백성들이 그랬습니다.

"뭇 백성이 우레와 번개와 나팔 소리와 산의 연기를 본지라 그들이 볼 때에 떨며 멀리 서서/모세에게 이르되 당신이 우리에게 말씀하소서 우리가 들으리이다 **하나님이 우리에게 말씀하시지 말게 하소서 우리가 죽을까 하나이다/모세가 백성에게 이르되 두려워하지 말라** 하나님이 임하심은 너희를 시험하고 너희로 경외하여 범죄하지 않게 하려 하심이니라/**백성은 멀리 서 있고 모세는 하나님이 계신 흑암으로 가까이 가니라**"(출 20:18-21)

이스라엘 백성들은 하나님을 두려워하여 하나님 앞에 나가기를 거부했습니다. 대신 모세를 통해서 하나님을 만나길 원했습니다. 모세는 이스라엘 백성들에게 하나님을 두려워하지 말라고 했지만, 그들은 이미 하나님께 나가는 것을 포기한 상태였습니다.

- 하나님께서는 유부녀인 밧세바를 범하고, 그의 남편인 우리아마저 죽인 다윗에게 나단 선지자를 보냈습니다.

"여호와께서 나단을 다윗에게 보내시니 그가 다윗에게 가서 그에게 이르되 한 성읍에 두 사람이 있는데 한 사람은 부하고 한 사람은 가난하니"(삼하 12:1)

하나님께서는 간음과 살인죄를 저지른 다윗을 찾아오셔서 그의 죄를 깨닫게 하셨습니다.

  피 뿌린 옷을 입고 말씀(호 로고스) 앞에 머물면서 말을 들어라 l

"나단이 다윗에게 이르되 당신이 그 사람이라 이스라엘의 하나님 여호와께서 이와 같이 이르시기를 내가 너를 이스라엘 왕으로 기름 붓기 위하여 너를 사울의 손에서 구원하고"(삼하 12:7)

그러자 다윗은 회개를 합니다.

"다윗이 나단에게 이르되 내가 여호와께 죄를 범하였노라 하매 나단이 다윗에게 말하되 여호와께서도 당신의 죄를 사하셨나니 당신이 죽지 아니하려니와"(삼하 12:13)

다윗에 대한 하나님의 평가는?

"이는 다윗이 헷 사람 우리아의 일 외에는 평생에 여호와 보시기에 정직하게 행하고 자기에게 명령하신 모든 일을 어기지 아니하였음이라"(왕상 15:5)

• 보혈 안에 있을 때 더러운 옷이 벗겨지고 아름다운 옷으로 입혀지게 됩니다.

"여호수아가 더러운 옷을 입고 천사 앞에 서 있는지라/여호와께서 자기 앞에 선 자들에게 명령하사 **그 더러운 옷을 벗기라** 하시고 또 여호수아에게 이르시되 **내가 네 죄악을 제거하여 버렸으니 네게 아

름다운 옷을 입히리라 하시기로/내가 말하되 **정결한 관을 그의 머리
에 씌우소서 하매 곧 정결한 관을 그 머리에 씌우며 옷을 입히고 여
호와의 천사는 곁에 섰더라**"(슥 3:3-5)

(7) 보혈(寶血)과 예복

보혈 안에 있을 때 우리의 예복이 빨아지게 됩니다.

"내가 말하기를 내 주여 당신이 아시나이다 하니 그가 나에게 이르되
이는 큰 환난에서 나오는 자들인데 어린 양의 피에 그 옷을 씻어 희
게 하였느니라"(계 7:14)

"환난"은 'θλῖψις'(들립시스)로 하나님께서는 지성소에 들어가도록
'Push한다'하십니다. 지성소에 들어가는 것은 어린양의 피 곧 보혈 안으
로 들어가게 하시는 것입니다.

"씻어, 희게 하였느니라"는 모두 **Aorist시제**로 '순간적으로 보혈 안에
서 두루마리를 빨아 희게 하였다'는 것입니다.

자신의 예복인 두루마기를 빨아야 하는데, 두루마기를 빨기 위해서는
보혈 안에 있어야 합니다.

"자기 두루마기를 빠는 자들은 복이 있으니 이는 그들이 생명나무
에 나아가며 문들을 통하여 성에 들어갈 권세를 받으려 함이로다"

(계 22:14)

 피 뿌린 옷을 입고 말씀(호 로고스) 앞에 머물면서 말을 들어라 I

"복이 있으니"는 헬라어로 **'μακάριος'**(마카리오스)인데 '행복하다/Be happy'입니다. 자신의 두루마기를 보혈에 빠는 자들은 행복하다는 것입니다. 신자들의 행복이 여기에 있는 것입니다.

사람들은 누구나 행복하기를 바라며 행복을 추구합니다. 그러나 사람들의 진정한 행복은 하나님이 주시는 두루마기를 입을 때이고, 또 그 두루마기를 보혈로 빨 때 행복한 것입니다.

그리고 보혈 안에 있을 때 이기는 자가 되고 흰 옷을 입게 됩니다.

"이기는 자는 이와 같이 흰 옷을 입을 것이요 내가 그 이름을 생명책에서 결코 지우지 아니하고 그 이름을 내 아버지 앞과 그의 천사들 앞에서 시인하리라"(계 3:5)

- 흰 옷을 입은 자만이 주님을 따를 수 있고, 흰 옷을 입지 않은 자는 주님을 따를 수가 없습니다.

"그러나 사데에 그 옷을 더럽히지 아니한 자 몇 명이 네게 있어 흰 옷을 입고 나와 함께 다니리니 그들은 합당한 자인 연고라"(계 3:4)
"이 일 후에 내가 보니 각 나라와 족속과 백성과 방언에서 아무도 능히 셀 수 없는 큰 무리가 나와 흰 옷을 입고 손에 종려 가지를 들고 **보좌 앞과 어린 양 앞에 서서"**(계 7:9)
"하늘에 있는 군대들이 희고 깨끗한 세마포 옷을 입고 백마를 타고 **그를 따르더라"**(계 19:14)

피 뿌린 옷을 입고 말씀(ὁ λόγος) 앞에 머물면서 말(λόγος)을 듣는 것이다

(8) 보혈(寶血)과 언약(言約)

언약은 히브리어로 'בְּרִית'(베리트)로 **'언약을 자르다'** 즉 **'언약을 맺다'**입니다. **'언약을 자르다'**라는 뜻은 생물을 정면으로 반을 잘라서 피를 흐르게 하고, 그 사이를 걸어가는 계약을 말합니다. 모든 계약 가운데 '피 계약'은 가장 신성한 것으로 절대로 파기 될 수 없는 생명을 건 계약입니다.

1) 하나님께서 아브라함과 언약을 맺으셨을 때 피로서 맺으셨습니다. 이를 옛 언약이라고 합니다

"여호와께서 그에게 이르시되 나를 위하여 삼 년 된 암소와 삼 년 된 암염소와 삼 년 된 숫양과 산비둘기와 집비둘기 새끼를 가져올지니라/아브람이 그 모든 것을 가져다가 **그 중간을 쪼개고 그 쪼갠 것을 마주 대하여 놓고 그 새는 쪼개지 아니하였으며**"(창 15:9-10)
"해가 져서 어두울 때에 연기 나는 화로가 보이며 **타는 횃불이 쪼갠 고기 사이로 지나더라/그 날에 여호와께서 아브람과 더불어 언약을 세워 이르시되 내가 이 땅을 애굽 강에서부터 그 큰 강 유브라데까지 네 자손에게 주노니**"(창 15:17-18)

옛 언약은 아브라함과 맺은 상속자에 대한 언약입니다.

"너희는 그의 언약 곧 천 대에 명령하신 말씀을 영원히 기억할지어

 피 뿌린 옷을 입고 말씀(호 로고스) 앞에 머물면서 말을 들어라ㅣ

다/이것은 아브라함에게 하신 언약이며 이삭에게 하신 맹세이며/이는 야곱에게 세우신 율례 곧 **이스라엘에게 하신 영원한 언약이라**/이르시기를 내가 가나안 땅을 네게 주어 너희 기업의 지경이 되게 하리라 하셨도다"(대상 16:15-18)

"또한 할례자의 조상이 되었나니 곧 할례 받을 자에게뿐 아니라 우리 조상 아브라함이 무할례시에 가졌던 **믿음의 자취를 따르는 자들에게도 그러하니라**/아브라함이나 그 후손에게 세상의 상속자가 되리라고 하신 언약은 율법으로 말미암은 것이 아니요 **오직 믿음의 의로 말미암은 것이니라**/만일 율법에 속한 자들이 상속자이면 믿음은 헛것이 되고 약속은 파기되었느니라/율법은 진노를 이루게 하나니 율법이 없는 곳에는 범법도 없느니라/그러므로 상속자가 되는 그것이 은혜에 속하기 위하여 믿음으로 되나니 이는 그 약속을 그 모든 후손에게 굳게 하려 하심이라 율법에 속한 자에게뿐만 아니라 **아브라함의 믿음에 속한 자에게도 그러하니 아브라함은 우리 모든 사람의 조상이라**"(롬 4:12-16)

2) 예수님은 자신을 희생시켜 그 피를 보증으로 삼아 하나님과 인간 사이에 새로운 언약 곧 새 언약을 세우셨습니다

"저녁 먹은 후에 잔도 그와 같이 하여 이르시되 **이 잔은 내 피로 세우는 새 언약이니 곧 너희를 위하여 붓는 것이라**"(눅 22:20)

"식후에 또한 그와 같이 잔을 가지시고 이르시되 **이 잔은 내 피로 세**

운 **새 언약이니** 이것을 행하여 마실 때마다 나를 기념하라 하셨으니”

(고전 11:25)

새 언약은? 십자가와 부활로 이 땅에 이루어진 하나님 나라를 상속하게 하시겠다는 것입니다.

새 언약의 상속자가 되려면?

“자녀이면 또한 상속자 곧 **하나님의 상속자요 그리스도와 함께 한 상속자니** 우리가 그와 함께 영광을 받기 위하여 고난도 함께 받아야 할 것이니라”*(롬 8:17)*

① **“하나님의 상속자”**란? 하나님의 뜻에서 벗어나면 안 됩니다.
② **“그리스도와 함께 한 상속자”**란? 임마누엘을 말합니다.

• 보혈 안에 있을 때 상속자에 대한 소망이 생기게 됩니다.

“다만 이뿐 아니라 우리가 환난 중에도 즐거워하나니 이는 **환난은 인내를,/인내는 연단을, 연단은 소망을 이루는 줄 앎이로다**”*(롬 5:3-4)*
“우리로 그의 은혜를 힘입어 의롭다 하심을 얻어 **영생의 소망을 따라 상속자**가 되게 하려 하심이라”*(딛 3:7)*

• 상속자는 완전(Perfect)해야 합니다.

"그가 아들이시면서도 받으신 **고난으로 순종함을 배워서/온전하게 되셨은즉 자기에게 순종하는 모든 자에게 영원한 구원의 근원이 되시고**"*(히 5:8-9)*

온전하지 않으면 상속자가 될 수가 없습니다.

• 하나님을 대면한 모세마저도 가나안 땅에 들어가지 못했습니다. 하나님께서는 모세를 가나안 땅에 들어가지 못하도록 하셨습니다.

"여호와께서 그에게 이르시되 이는 내가 아브라함과 이삭과 야곱에게 맹세하여 그의 후손에게 주리라 한 땅이라 **내가 네 눈으로 보게 하였거니와 너는 그리로 건너가지 못하리라 하시매**"*(신 34:4)*

그 이유는 하나님의 명령을 거역했기 때문입니다.

"아론은 그 조상들에게로 돌아가고 내가 이스라엘 자손에게 준 땅에는 들어가지 못하리니 이는 너희가 므리바 물에서 **내 말을 거역한 까닭이니라**"*(민 20:24)*

하나님께서 모세에게 명령하신 것은?

"지팡이를 가지고 네 형 아론과 함께 회중을 모으고 그들의 목전에서

너희는 반석에게 명령하여 물을 내라 하라 네가 그 반석이 물을 내게

하여 회중과 그들의 짐승에게 마시게 할지니라"(민 20:8)

그러나 모세는 하나님의 명령을 어기고 반석을 두 번 쳤던 것입

니다.

"모세가 그의 손을 들어 **그의 지팡이로 반석을 두 번 치니 물이 많이**

솟아나오므로 회중과 그들의 짐승이 마시니라"(민 20:11)

(9) 보혈(寶血)과 육신(肉身)

보혈 안에 있을 때 예수님의 강한 육신(肉身)으로 하나님께 나갈 수

있습니다.

"내 살을 먹고 내 피를 마시는 자는 내 안에 거하고 나도 그의 안에

거하나니"(요 6:56)

"살"은 헬라어로 'σάρξ'(사륵스)인데 '육신(肉身)'을 가리킵니다. 육신

(肉身)은 '하나님을 찾고자 하는 속성'으로 **사람은 태어날 때부터 신(神)**

을 찾고자 하는 마음이 주어졌습니다. 처음 아담은 **강한 육신**으로 하나

님께 나가서 하나님을 만났지만, 아담이 하나님의 말씀에 불순종해서

에덴동산에서 쫓겨나게 되었을 때부터 아담은 **약한 육신**이 되었습니

다. 결국 약한 육신이 된 아담은 하나님께 나가서 하나님을 만나는 것

   피 뿌린 옷을 입고 말씀(호 로고스) 앞에 머물면서 말을 들어라 l

이 안 되게 되었습니다.

"**내 살**"은 '*μου τὴν σάρκα*'(무 텐 사르카)로 이는 '**예수님의 강한 육신**'을 말합니다. 예수님의 살을 먹으면 예수님의 강한 육신으로 말미암아 보좌 우편에서 하나님만을 바라보고 계시는 예수님과 함께 하나님 아버지께 나가서 하나님을 바라보게 되는 것입니다. 우리가 보혈 안에 있을 때 예수님의 강한 육신으로 하나님 아버지께 나가서 하나님을 바라보게 되는 것입니다.

예수님께서는 겟세마네 동산에서 세 명의 제자들에게 '깨어 있으라!'고 명령하셨음에도 불구하고 막상 예수님께서 기도하고 오셨을 때 잠자고 있는 제자들을 책망하셨습니다.

> "*제자들에게 오사 그 자는 것을 보시고 베드로에게 말씀하시되 너희가 나와 함께 한 시간도 이렇게 깨어 있을 수 없더냐/시험에 들지 않게 깨어 기도하라* **마음에는 원이로되 육신이 약하도다 하시고**"*(26:40-41)*

예수님은 제자들이 깨어 기도하는 것이 안 되는 것은 육신이 약하기 때문이라고 하셨습니다.

• 육신(*σάρξ*/사릌스)이 강한 것이 좋을까요? 약한 것이 좋을까요?

"제자들에게 오사 그 자는 것을 보시고 베드로에게 말씀하시되 너희가 나와 함께 한 시간도 이렇게 깨어 있을 수 없더냐/시험에 들지 않게 깨어 기도하라 **마음에는 원이로되 육신이 약하도다 하시고**"(26:40-41)

아담의 후손들은 모두 약한 육신을 가지게 태어납니다.

▣ 약한 육신의 증거는?

하나님 앞에 나가는 것이 안 되어서 종교적인 행위를 하는 것입니다.

"육체의 일은 분명하니 곧 음행과 더러운 것과 호색과"(갈 5:19)
"투기와 술 취함과 방탕함과 또 그와 같은 것들이라 전에 너희에게 경계한 것 같이 경계하노니 이런 일을 하는 자들은 **하나님의 나라를 유업으로 받지 못할 것이요**"(갈 5:21)

그리고 육신의 일을 도모하게 됩니다.

"오직 주 예수 그리스도로 옷 입고 정욕을 위하여 **육신의 일을 도모하지 말라**"(롬 13:14)

"일을"의 헬라어는 'πρόνοια'(프로노이아)로 '프로 **πρό**(앞) + 노이아 νοια(생각)'의 합성어로 '앞선 생각'이라는 말입니다. 이는 종교

 피 뿌린 옷을 입고 말씀(호 로고스) 앞에 머물면서 말을 들어라 I

적 신앙에 빠지면 **육신에서 나온 앞선 생각**으로 하게 된다는 것입니다. 종이 주님의 생각보다는 자신이 생각이 앞서는 것입니다.

▣ 사도바울의 '육체의 가시 곧 사탄의 사자'

"여러 계시를 받은 것이 지극히 크므로 너무 자만하지 않게 하시려고 **내 육체에 가시 곧 사탄의 사자를 주셨으니** 이는 나를 쳐서 너무 자만하지 않게 하려 하심이라/이것이 내게서 떠나가게 하기 위하여 내가 세 번 주께 간구하였더니"*(고후 12:7-8)*

"**육체의 가시**" 는 'σκόλοψ τῇ σαρκί'(스콜롭스 테 사르키)로 '가시가 육체(사릌스/σάρξ)와 관련을 맺었다'는 것입니다. "**주셨으니**" 의 헬라어는 'ὑπεραίρομαι'(휘페라이로마이)로 **수동태**로 쓰여서 사탄에 의해 주어진 것입니다.

사도바울이 아직도 뽑히지 않은 것이 육체의 가시입니다.

사도바울은 당시 최고의 바리새인이며 율법학자인 가말리엘에게서 율법을 배운 뛰어난 바리새인이었습니다.

"나는 유대인으로 길리기아 다소에서 났고 이 성에서 자라 **가말리엘의 문하에서 우리 조상들의 율법의 엄한 교훈을 받았고** 오늘 너희 모든 사람처럼 하나님께 대하여 열심이 있는 자라"*(행 22:3)*

"나는 팔일 만에 할례를 받고 이스라엘 족속이요 베냐민 지파요 히브
리인 중의 히브리인이요 **율법으로는 바리새인이요**"(행 3:5)

당시 바리새인들은 평신도 지도자로서 유대인들로부터 존경을 받았
습니다.

"바리새인 가말리엘은 율법교사로 **모든 백성에게 존경을 받는 자라**
공회 중에 일어나 명하여 사도들을 잠깐 밖에 나가게 하고"(행 5:34)

사도바울은 개종 이전에 종교 지도자로 종교적 열심이 특출나서 교회
를 박해하고, 교회를 잔멸할 정도의 뼛속까지 종교적인 바리새인 중에
바리새인이었습니다. 사탄의 사자는 비록 개종은 하였지만 육체의 가시
(약점)를 가진 사도바울을 향해 계속해서 불화살을 쏘아 대는 것입니다.

"나에게 이르시기를 내 은혜가 네게 족하도다 이는 내 능력이 약한 데
서 온전하여짐이라 하신지라 그러므로 도리어 크게 기뻐함으로 나의
여러 약한 것들에 대하여 자랑하리니 이는 그리스도의 능력이 내게 머
물게 하려 함이라"(고후 12:9)

사도바울도 연약한 존재임을 인식하고 보혈 안에 있을 때 강한 육신
으로 하나님께 나갈 수 있는 것입니다.

 피 뿌린 옷을 입고 말씀(호 로고스) 앞에 머물면서 말을 들어라 I

- 강한 육신은 아담 이후에 예수님만이 강한 육신을 가지고 계시기 때문에 우리는 반드시 예수님과 함께해야 합니다. 그리고 하나님 아버지께 나가야 합니다.

(10) 보혈(寶血)과 복(福)

보혈 안에 있을 때 복(福)을 받게 됩니다.

> **"여호와께서 시온에서 네게 복을 주실지어다** 너는 평생에 예루살렘의 번영을 보며"(시 128:5)

시온은 언약궤가 있는 지성소를 의미합니다.
다윗 왕은 시온에 장막을 치고 언약궤를 장막 안에 두었습니다.

> **"여호와의 궤를 메고 들어가서 다윗이 그것을 위하여 친 장막 가운데 그 준비한 자리에 그것을 두매** 다윗이 번제와 화목제를 여호와 앞에 드리니라"(삼하 6:17)

- 하나님은 언약궤를 모신 오벧에돔과 그의 집에 복을 주셨다.

> **"여호와의 궤가 가드 사람 오벧에돔의 집에 석 달을 있었는데 여호와께서 오벧에돔과 그의 온 집에 복을 주시니라**/어떤 사람이 다윗 왕에게 아뢰어 이르되 **여호와께서 하나님의 궤로 말미암아 오벧에**

돔의 집과 그의 모든 소유에 복을 주셨다 한지라 다윗이 가서 하나
님의 궤를 기쁨으로 메고 오벧에돔의 집에서 다윗 성으로 올라갈새”
(삼하 6:11-12)

■ 복은?

① 재물의 복

“여호와께서 주시는 복은 사람을 부하게 하고 근심을 겸하여 주지
아니하시느니라”(잠 10:22)

② 장수의 복

“여호와를 경외하면 장수하느니라 그러나 악인의 수명은 짧아지느
니라”(잠 10:27)

③ 형통의 복

“하나님의 묵시를 밝히 아는 스가랴가 사는 날에 하나님을 찾았고 그
가 여호와를 찾을 동안에는 하나님이 형통하게 하셨더라”(대하 26:5)
“간수장은 그의 손에 맡긴 것을 무엇이든지 살펴보지 아니하였으니
이는 여호와께서 요셉과 함께 하심이라 여호와께서 그를 범사에 형
통하게 하셨더라”(창 39:23)

 피 뿌린 옷을 입고 말씀(호 로고스) 앞에 머물면서 말을 들어라 |

피 뿌린 옷을 입는 것은?

말씀(ὁ λόγος/호 로고스) 앞에 머물면서 말(λόγος/로고스)을 듣기 위함입니다.

우리가 피 뿌린 옷을 입어야 하는 것은 말(λόγος)을 듣기 위함입니다. 그리스도께서 하시는 말(λόγος)은 곧 하나님 아버지의 말씀입니다.

"나를 사랑하지 아니하는 자는 내 말을 지키지 아니하나니 **너희가 듣는 말은 내 말이 아니요 나를 보내신 아버지의 말씀이니라**"(요 14:24)

"이제부터는 너희를 종이라 하지 아니하리니 종은 주인이 하는 것을 알지 못함이라 너희를 친구라 하였노니 **내가 내 아버지께 들은 것을 다 너희에게 알게 하였음이라**"(요 15:15)

말(λόγος)을 듣는다는 것은 순종이 전제되어야 합니다.

"너희는 그를 알지 못하되 나는 아노니 만일 내가 알지 못한다 하면 나도 너희 같이 거짓말쟁이가 되리라 **나는 그를 알고 또 그의 말씀을 지키노라**"(요 8:55)

피 뿌린 옷을 입고 말씀(ὁ λόγος) 앞에 머물면서 말(λόγος)을 듣는 것은 그 말에 순종하겠다는 것입니다.

*"여호와께서 임하여 서서 전과 같이 사무엘아 사무엘아 부르시는
지라 사무엘이 이르되 말씀하옵소서 주의 종이 듣겠나이다 하니"*
(삼상 3:10)

말(**λόγος**)은 두 가지로 나눌 수 있는데 하나는 **법에 대한 말씀**이고,
다른 하나는 **일에 대한 말씀**입니다.

(1) 법에 대한 말씀을 보면?

1) 옛 계명: 율법(십계명)

*"예수께서 이르시되 네 마음을 다하고 목숨을 다하고 뜻을 다하여 **주
너의 하나님을 사랑하라** 하셨으니/이것이 크고 첫째 되는 계명이요/
둘째도 그와 같으니 네 이웃을 **네 자신 같이 사랑하라** 하셨으니/이
두 계명이 온 율법과 선지자의 강령이니라"*(마 22:37-40)

① 십계명은 "**하나님 사랑, 이웃 사랑**"입니다.

"**사랑**"은 헬라어로 '**ἀγάπη**'(아가페)로 하나님만이 하실 수 있는 **신
(神)적인 사랑**으로 이타적(利他的)인 사랑입니다. 그러나 사람들
이 하는 사랑은 관계에 의한 사랑으로 이성 간의 사랑인 에로스 사
랑, 친구 간의 사랑인 필리아 사랑, 가족 간의 사랑인 스토로게 사
랑이 있습니다.

아가페 사랑은 신(神)적인 사랑이기 때문에 사람은 할 수가 없는

 피 뿌린 옷을 입고 말씀(호 로고스) 앞에 머물면서 말을 들어라 |

사랑입니다. 그런데도 하나님께서는 사람이 할 수 없는 아가페 사
랑을 하라고 명령하시는 것은 이유가 있는 것입니다.

▣ 예수님께서 베드로에게

"그들이 조반 먹은 후에 예수께서 시몬 베드로에게 이르시되 요한의
아들 시몬아 네가 **이 사람들보다 나를 더 사랑하느냐** 하시니 이르되
주님 그러하나이다 **내가 주님을 사랑하는** 줄 주님께서 아시나이다 이
르시되 내 어린 양을 먹이라 하시고/또 두 번째 이르시되 요한의 아들
시몬아 **네가 나를 사랑하느냐** 하시니 이르되 주님 그러하나이다 **내가
주님을 사랑하는** 줄 주님께서 아시나이다 이르시되 내 양을 치라 하
시고/세 번째 이르시되 요한의 아들 시몬아 네가 나를 사랑하느냐 하
시니 **주께서 세 번째 네가 나를 사랑하느냐** 하시므로 베드로가 근심
하여 이르되 주님 모든 것을 아시오매 **내가 주님을 사랑하는 줄을** 주
님께서 아시나이다 예수께서 이르시되 내 양을 먹이라"(요 21:15-17)

첫 번째로 예수님께서는 'ἀγάπη'(아가페)로 물어보시고, 베드로는
'φιλέω'(필레오/형제에 대한 사랑)로 대답합니다.

두 번째도 예수님께서는 'ἀγάπη'(아가페)로 물어보시고, 베드로는
'φιλέω'(필레오/형제에 대한 사랑)로 대답합니다.

세 번째는 예수님께서는 'φιλέω'(필레오)로 물어보시고, 베드로는
'φιλέω'(필레오/형제에 대한 사랑)로 대답합니다.

② 십계명은 사람이 지킬 수 없는 계명입니다.

"그러므로 율법의 행위로 그의 앞에 의롭다 하심을 얻을 육체가 없나니 **율법으로는 죄를 깨달음이니라**"(롬 3:20)

율법의 기능은 죄를 깨닫게 하는 것입니다. 하나님께서는 저들이 명령하신 율법을 지킬 수 없다고 하나님께 나오기를 원하신 것입니다.

2) 새 계명: 그리스도의 법과 성령의 법

"**새 계명을 너희에게 주노니 서로 사랑하라** 내가 너희를 사랑한 것 같이 너희도 서로 사랑하라"(요 13:34)

① 구약에서의 새 계명에 대한 언약의 말씀

"여호와의 말씀이니라 보라 날이 이르리니 내가 이스라엘 집과 유다 집에 **새 언약을 맺으리**/이 언약은 내가 그들의 조상들의 손을 잡고 애굽 땅에서 인도하여 내던 날에 맺은 것과 같지 아니할 것은 내가 그들의 남편이 되었어도 그들이 내 언약을 깨뜨렸음이라 여호와의 말씀이니라/그러나 그 날 후에 내가 이스라엘 집과 맺을 언약은 이러하니 곧 **내가 나의 법을 그들의 속에 두며 그들의 마음에 기록하여 나**

 피 뿌린 옷을 입고 말씀(호 로고스) 앞에 머물면서 말을 들어라ㅣ

는 그들의 하나님이 되고 그들은 내 백성이 될 것이라 여호와의 말씀이니라"(렘 31:31-33)

② 그리스도의 법과 성령의 법은 모두 '서로 사랑하라'는 것입니다.

"새 계명을 너희에게 주노니 서로 사랑하라 내가 너희를 사랑한 것 같이 너희도 서로 사랑하라"(요 13:34)

그리스도의 말(λόγος)과 성령의 인도하심에 순종하는 것이 **서로 사랑**하는 것입니다.

"너희가 짐을 서로 지라 그리하여 **그리스도의 법**을 성취하라"(갈 6:2)
"이는 그리스도 예수 안에 있는 생명의 **성령의 법**이 죄와 사망의 법에서 너를 해방하였음이라"(롬 8:2)

3) 그리스도의 법을 보면?

① 율법: 살인하지 말라!

"옛 사람에게 말한 바 **살인하지 말라** 누구든지 살인하면 심판을 받게 되리라 하였다는 것을 너희가 들었으나"(마 5:21)

- 그리스도의 법은?

"나는 너희에게 이르노니 **형제에게 노하는 자마다** 심판을 받게 되고
형제를 대하여 라가라 하는 자는 공회에 잡혀가게 되고 **미련한 놈이**
라 하는 자는 지옥 불에 들어가게 되리라"(마 5:22)

② 율법: 간음하지 말라!

"또 **간음하지 말라** 하였다는 것을 너희가 들었으나"(마 5:27)

- 그리스도의 법은?

"나는 너희에게 이르노니 **음욕을 품고 여자를 보는 자마다 마음에**
이미 간음하였느니라"(마 5:28)

③ 예수 그리스도께서는 나의 이 말(λόγος)을 듣고 행하라고 하셨
  습니다.

"그러므로 누구든지 **나의 이 말을 듣고 행하는 자는** 그 집을 반석 위
에 지은 지혜로운 사람 같으리니"(마 7:24)
"나의 이 말을 듣고 행하지 아니하는 자는 그 집을 모래 위에 지은 어
리석은 사람 같으리니"(마 7:26)

 피 뿌린 옷을 입고 말씀(호 로고스) 앞에 머물면서 말을 들어라 ǀ

이 말(λόγος)은 산상수훈에서 주님이 하신 말씀들을 말합니다. 그리고 이 말을 들었으면 행하라고 하십니다.

■ 레마(ῥῆμα)의 말씀은? 기록된 말씀 곧 하나님께서 하셨던 말씀을 기록한 성경 말씀을 가리킵니다.

"구원의 투구와 성령의 검 곧 하나님의 말씀을 가지라"(엡 6:17)

"말씀"은 헬라어로 '**ῥῆμα**'(레마)입니다.

예수님께서 성령으로 세례를 받으시고 광야에서 마귀의 시험을 받으실 때 마귀는 기록된 말씀을 변질시켜 3번씩이나 예수님을 공격합니다. 그러나 예수님께서는 3번 **"대답하여 이르시되 기록되었으되"**라고 하시면서 성경의 말씀으로 마귀를 대적하셨습니다.

*"시험하는 자가 예수께 나아와서 이르되 **네가 만일 하나님의 아들이어든 명하여 이 돌들로 떡덩이가 되게 하라**/예수께서 대답하여 이르시되 **기록되었으되** 사람이 떡으로만 살 것이 아니요 하나님의 입으로부터 나오는 모든 말씀으로 살 것이라 하였느니라 하시니"*(마 4:3-4)
*"이르되 **네가 만일 하나님의 아들이어든 뛰어내리라 기록되었으되** 그가 너를 위하여 그의 사자들을 명하시리니 그들이 손으로 너를 받들어 발이 돌에 부딪치지 않게 하리로다 하였느니라/예수께서 이르시되 **또 기록되었으되** 주 너의 하나님을 시험하지 말라 하였느니*

라 하시니"(마 4:6-7)

"이르되 만일 내게 엎드려 경배하면 이 모든 것을 네게 주리라/이에
예수께서 말씀하시되 **사탄아 물러가라 기록되었으되 주 너의 하나
님께 경배하고 다만 그를 섬기라** 하였느니라"(마 4:9-10)

레마의 말씀이 성령의 검입니다.

▣ 말씀(ὁ λόγος/호 로고스)은?

"**하나님의 말씀은 살아 있고 활력이 있어 좌우에 날선 어떤 검보다
도 예리하여** 혼과 영과 및 관절과 골수를 찔러 쪼개기까지 하며 또 마
음의 생각과 뜻을 판단하나니"(히 4:12)

"**말씀**"은 'ὁ λόγος'(호 로고스)로 '그 말씀(특별한 말씀)'으로 부활
하신 그리스도를 가리킵니다.

"태초에 말씀이 계시니라 이 말씀이 하나님과 함께 계셨으니 이 말씀
은 곧 하나님이시니라"(요 1:1)

"Εν άρχῇ ἦν ὁ λόγος, καὶ ὁ λόγος ἦν πρὸς τὸν θεόν, καὶ θεὸς
ἦν ὁ λόγος."

    피 뿌린 옷을 입고 말씀(호 로고스) 앞에 머물면서 말을 들어라 |

이를 번역하면 '호 로고스가 우두머리이고, 호 로고스가 성부 하나님을 향하여 있고, 호 로고스는 성자 하나님이다.'입니다.

(2) '일'에 대한 말(λόγος)입니다

하나님은 일하시는 하나님이십니다.

"기록된 바 내가 너를 많은 민족의 조상으로 세웠다 하심과 같으니 그가 믿은 바 하나님은 죽은 자를 살리시며 없는 것을 있는 것으로 부르시는 이시니라"(롬 4:17)

"하나님은 죽은 자를 살리시며"에서 **"죽은 자를"**은 헬라어로 'τοὺς νεκρούς'(투스 네크루스)로 복수로 쓰여서 '죽은 자들'이며, **"죽은 자"**는 헬라어로 'νεκρούς'(네크루스)로 **'하나님과의 관계가 단절에서 오는 영적 죽음'**을 뜻합니다. **"살리시며"**는 헬라어로 'ζωοποιοῦντος'(조오포이운토스)로 **분사/현재시제**로 쓰여서 **'하나님이 계속해서 살리신다'**는 것입니다. **하나님은 영적으로 하나님과의 관계가 단절된 죽은 자들의 생명을 살리는 일을 계속적으로 하고 계십니다.**

그러나 하나님께서는 직접 일하시는 것이 아니라 아들을 통해서만 일하시고, 아들은 아버지의 일을 해야만 하는 것입니다. 그래서 예수님께서는 아버지의 일을 하신다고 하셨습니다.

"예수께서 그들에게 이르시되 내 아버지께서 이제까지 일하시니 나

도 일한다 하시매"(요 5:17)

"나를 보내신 이가 나와 함께 하시도다 **나는 항상 그가 기뻐하시는** 일을 행하므로 나를 혼자 두지 아니하셨느니라"(요 8:29)

예수님께서 하시는 일은 하나님이 기뻐하시는 일입니다. 하나님께서 기뻐하시는 일이란?

"아버지께서 죽은 자들을 일으켜 살리심 같이 아들도 자기가 원하 는 자들을 살리느니라"(요 5:21)

영적으로 죽은 자들을 살리는 것입니다. 그러나 예수님께서는 죽은 자를 살리기 것은 스스로 할 수가 없다고 하셨습니다.

"그러므로 예수께서 그들에게 이르시되 내가 진실로 진실로 너희에 게 이르노니 **아들이 아버지께서 하시는 일을 보지 않고는 아무 것도 스스로 할 수 없나니 아버지께서 행하시는 그것을 아들도 그와 같 이 행하느니라"**(요 5:19)

예수님은 죽은 자를 살리기 위해 어떻게 일하셨는가?

"내가 내 자의로 말한 것이 아니요 나를 보내신 아버지께서 내가 말 할 것과 이를 것을 친히 명령하여 주셨으니/나는 그의 명령이 영생인

 피 뿌린 옷을 입고 말씀(호 로고스) 앞에 머물면서 말을 들어라 I

줄 아노라 그러므로 **내가 이르는 것은 내 아버지께서 내게 말씀하신 그대로니라 하시니라**"(요 12:49-50)

"*나를 사랑하지 아니하는 자는 내 말을 지키지 아니하나니* **너희가 듣 는 말은 내 말이 아니요 나를 보내신 아버지의 말씀이니라**"(요 14:24)

이처럼 하나님의 말씀을 듣고 순종해서 하나님의 말씀을 전할 때에 죽은 자들이 살아나는 것입니다.

"*진실로 진실로 너희에게 이르노니* **죽은 자들이 하나님의 아들의 음 성을 들을 때가 오나니 곧 이 때라 듣는 자는 살아나리라**"(요 5:25)

• 예수님께서는 한 가지 일을 행하러 오셨다고 하셨습니다.

"*예수께서 대답하여 이르시되* **내가 한 가지 일을 행하매** *너희가 다 이로 말미암아 이상히 여기는도다*"(요 7:21)

그 한 가지 일은 바로 **하나님의 말씀을 듣고 행하는 것입니다.**

▣ 야긴과 보아스

"*이 두 기둥을 성전의 주랑 앞에 세우되* **오른쪽 기둥을 세우고 그 이 름을 야긴이라 하고** *왼쪽의 기둥을 세우고 그 이름을 보아스라 하*

하나님이 계신 성전의 입구에는 좌우에 기둥이 세워져 있는데 **우측 기둥을 야긴**이라 하고, **좌측 기둥을 보아스**라고 합니다. 이스라엘 백성들이 제사를 드리려고 성전에 와서 성소를 바라볼 때 성소 입구에 양 옆에 세워진 두 기둥을 바라보게 됩니다. 또한 제사장들이 성소 안으로 들어가려면 물두멍을 지나 성소 입구의 양옆에 세워진 기둥을 보게 됩니다.

성소에 들어갈 때마다 야긴과 보아스의 두 기둥을 보면서 사명을 일깨워 주려는 것으로서 기둥이 세워져 있는 것입니다.

- **야긴**(יָכִין): '그가 세우신다'는 것으로 **하나님께서 하나님 나라를 세우신다**는 것입니다.

- **보아스**(בֹּעַז): **하나님 안에 능력이 있다**는 것입니다.

  야긴과 보아스는 하나님 나라는 하나님께서 하나님의 능력으로 세우신다는 것입니다.

우리가 잊지 말아야 하는 것은 예수님께서 우리에게 전해 주시는 말씀들(λόγος)은 하나님의 보좌에 머무신 임마누엘의 열매입니다.

부활하신 그리스도께서는 지금도 우리 안에서 우리를 통하여 죽은 자들을 살리는 일을 하려고 하십니다.

"내가 진실로 진실로 너희에게 이르노니 **나를 믿는 자는 내가 하는
일을 그도 할 것이요 또한 그보다 큰 일도 하리니** 이는 내가 아버지
께로 감이라"(요 14:12)

우리는 이 일을 위해 부름을 받았고 이 일을 해야 하는 것입니다. 이
일을 하기 위해서는 임마누엘뿐입니다.

사도바울은 부활 신앙 곧 죽은 자를 살리는 일을 위해 달려간다고 합
니다.

"어떻게 해서든지 **죽은 자 가운데서 부활에 이르려 하노니**/내가 이
미 얻었다 함도 아니요 온전히 이루었다 함도 아니라 오직 내가 그리
스도 예수께 잡힌 바 된 **그것을 잡으려고 달려가노라**"(빌 3:11-12)

• 하나님의 말씀(ὁ λόγος/호 로고스)을 대언할 때에 기름이 부어
  집니다.

"그 날에 그의 무거운 짐이 네 어깨에서 떠나고 그의 멍에가 네 목에
서 벗어지되 **기름진 까닭에 멍에가 부러지리라**"(사 10:27)

'말씀 + 기름'은 바늘과 실처럼 항상 함께합니다.

  • 하나님의 말씀(ὁ λόγος/호 로고스)을 대언할 때에 죽은 자

가 살아납니다.

"여호와께서 권능으로 내게 임재하시고 그의 영으로 나를 데리고 가서 골짜기 가운데 두셨는데 거기 뼈가 가득하더라/나를 그 뼈 사방으로 지나가게 하시기로 본즉 그 골짜기 지면에 뼈가 심히 많고 아주 말랐더라/그가 내게 이르시되 인자야 이 뼈들이 능히 살 수 있겠느냐 하시기로 내가 대답하되 주 여호와여 주께서 아시나이다/또 내게 이르시되 너는 이 모든 뼈에게 대언하여 이르기를 너희 마른 뼈들아 여호와의 말씀을 들을지어다/주 여호와께서 이 뼈들에게 이같이 말씀하시기를 내가 생기를 너희에게 들어가게 하리니 너희가 살아나리라/너희 위에 힘줄을 두고 살을 입히고 가죽으로 덮고 너희 속에 생기를 넣으리니 너희가 살아나리라 또 내가 여호와인 줄 너희가 알리라 하셨다 하라/**이에 내가 명령을 따라 대언하니 대언할 때에 소리가 나고 움직이며 이 뼈, 저 뼈가 들어 맞아 뼈들이 서로 연결되더라**/내가 또 보니 그 뼈에 힘줄이 생기고 살이 오르며 그 위에 가죽이 덮이나 그 속에 생기는 없더라/또 내게 이르시되 인자야 너는 생기를 향하여 대언하라 생기에게 대언하여 이르기를 주 여호와께서 이같이 말씀하시기를 생기야 사방에서부터 와서 이 죽음을 당한 자에게 불어서 살아나게 하라 하셨다 하라/**이에 내가 그 명령대로 대언하였더니 생기가 그들에게 들어가매 그들이 곧 살아나서 일어나 서는데 극히 큰 군대더라**/또 내게 이르시되 인자야 이 뼈들은 이스라엘 온 족속이라 그들이 이르기를 우리의 뼈들이 말랐고 우리의 소망이 없어졌으니 우리

 피 뿌린 옷을 입고 말씀(호 로고스) 앞에 머물면서 말을 들어라 I

는 다 멸절되었다 하느니라/그러므로 너는 대언하여 그들에게 이르기를 주 여호와께서 이같이 말씀하시기를 내 백성들아 내가 너희 무덤을 열고 너희로 거기에서 나오게 하고 이스라엘 땅으로 들어가게 하리라/내 백성들아 내가 너희 무덤을 열고 너희로 거기에서 나오게 한즉 너희는 내가 여호와인 줄을 알리라"(겔 37:1-13)

• 하나님의 말씀(ὁ λόγος/호 로고스)을 대언할 때에 이 땅에 하나님 나라가 세워지게 됩니다.

하나님께서는 여호수아에게 명령하셨습니다.

"여호와께서 여호수아에게 이르시되 보라 내가 여리고와 그 왕과 용사들을 네 손에 넘겨 주었으니/너희 모든 군사는 그 성을 둘러 성 주위를 매일 한 번씩 돌되 엿새 동안을 그리하라/제사장 일곱은 일곱 양각 나팔을 잡고 **언약궤 앞에서 나아갈 것이요 일곱째 날에는 그 성을 일곱 번 돌며** 그 제사장들은 나팔을 불 것이며/제사장들이 양각 나팔을 길게 불어 **그 나팔 소리가 너희에게 들릴 때에는 백성은 다 큰 소리로 외쳐 부를 것이라** 그리하면 그 성벽이 무너져 내리리니 백성은 각기 앞으로 올라갈지니라 하시매"(수 6:2-5)

여리고성은 난공불락(難攻不落)의 철옹성으로 외벽의 두께만 2m이고 내벽의 두께도 2m에 달하며, 높이는 10m가 넘는 성이었는데 그 성이 무너진 것입니다. 여호수아와 이스라엘 백성들이 하나님이 말씀에 순종했을 때 여리고 성이 일순간에 무너진 것입니다. 하나님 나라의 싸움은 하나님께서 싸우시는 싸움이지 우리가 싸우는 것이 아닙니다.

"여호수아가 여리고에 가까이 이르렀을 때에 눈을 들어 본즉 **한 사람이 칼을 빼어 손에 들고 마주 서 있는지라** 여호수아가 나아가서 그에게 묻되 너는 우리를 위하느냐 우리의 적들을 위하느냐 하니/그가 이르되 아니라 **나는 여호와의 군대 대장으로 지금 왔느니라 하는지라** 여호수아가 얼굴을 땅에 대고 엎드려 절하고 그에게 이르되 내 주여 종에게 무슨 말씀을 하려 하시나이까"(수 5:13-14)

고대의 전쟁은 대장이 가장 앞장서서 적장(敵將)과 싸웁니다. 대장끼리의 싸움에서 이기면 그 싸움은 이기게 되는 것이고, 싸움에서 지게 되면 패하는 것입니다. (다윗과 골리앗)

"**하늘에 있는 군대들이** 희고 깨끗한 세마포 옷을 입고 백마를 타고 **그를 따르더라/그의 입에서 예리한 검이 나오니 그것으로 만국을 치겠고 친히 그들을 철장으로 다스리며** 또 친히 하나님 곧 전능하신 이의 맹렬한 진노의 포도주 틀을 밟겠고"(계 19:14-15)

1) 말(λόγος/로고스)

① 구약: 아브라함

   피 뿌린 옷을 입고 말씀(호 로고스) 앞에 머물면서 말을 들어라 |

*"**여호와께서 이르시되** 네 아들 네 사랑하는 독자 이삭을 데리고 모 리아 땅으로 가서 내가 네게 일러 준 한 산 거기서 **그를 번제로 드 리라**"(창 22:2)*

"우리 조상 아브라함이 그 아들 이삭을 제단에 바칠 때에 행함으로 의 롭다 하심을 받은 것이 아니냐"(약 2:21)

"**행함으로**"는 헬라어로 'ἔργον'(에르곤)으로 '**일/work**'이라는 단어입 니다.

하나님께서는 아브라함에게 이삭을 바치라고 **일을 시키신 것**이고, 아 브라함은 하나님의 일을 한 것입니다.

야보고서에서 '**행함 = 믿음**'이라고 합니다.

*"이와 같이 **행함이 없는 믿음은 그 자체가 죽은 것이라**"(약 2:17)*

"내 형제들아 만일 사람이 믿음이 있노라 하고 행함이 없으면 무슨 유 익이 있으리요 그 믿음이 능히 자기를 구원하겠느냐"(약 2:14)

"**행함이 없는 믿음**"에서 "**믿음**"은 헬라어로 'ἡ πίστις'(헤 피스티스)로 그 믿음(특별한 믿음)이고, "**행함**"은 'ἔργον'으로 '일/Work'입니다. 이 말은 일하지 않는 **그 믿음(특별한 믿음)**은 죽은 믿음이라는 것입니다.

*"너희의 **믿음의 역사**와 사랑의 수고와 우리 주 예수 그리스도에 대한 소 망의 인내를 우리 하나님 아버지 앞에서 끊임없이 기억함이니"(살전 1:3)*

"믿음의 역사"는 'τοῦ ἔργου τῆς πίστεως'로 그 믿음으로 일(사역)을 했다는 것입니다.

- 하나님의 말씀을 듣고 순종하는 사람이 **의로운 사람**이고, 하나님의 말씀을 듣고 순종하지 않는 사람은 **불의한 사람**입니다. 불의한 사람에게는 하나님의 진노만 있을 뿐입니다.

*"**하나님의 진노가** 불의로 진리를 막는 사람들의 모든 경건하지 않음과 불의에 대하여 하늘로부터 나타나나니"(롬 1:18)*

② 신약: 예수님

하나님께서는 예수님에게 십자가를 지라고 하셨습니다. 예수님은 겟세마네 동산에서 기도하신 것은 십자가를 지는 것이 하나님 아버지의 뜻이 맞는지 확인하시는 것입니다.

*"조금 나아가사 얼굴을 땅에 대시고 엎드려 기도하여 이르시되 **내 아버지여 만일 할 만하시거든 이 잔을 내게서 지나가게 하옵소서** 그러나 나의 원대로 마시옵고 아버지의 원대로 하옵소서 하시고"(마 26:39)*
*"또 그들을 두시고 나아가 **세 번째 같은 말씀으로 기도하신 후**"*
(마 26:44)

"같은 말씀으로"는 'τὸν αὐτὸν λόγον'으로 '**하나님이 주신 그 말씀을**

   피 뿌린 옷을 입고 말씀(호 로고스) 앞에 머물면서 말을 들어라 |

가지고' 기도 하셨다는 것입니다.

기도(προσεύχομαι/프로슈코마이)는? 하나님이 주신 말씀을 가지고 하나님을 바라보면서 하는 기도입니다.

> "그는 육체에 계실 때에 자기를 죽음에서 능히 구원하실 이에게 심한 통곡과 눈물로 간구와 소원을 올렸고 그의 경건하심으로 말미암아 들으심을 얻었느니라"*(히 5:7)*

"경건하심으로" 은 헬라어로 'είσακούω'(에이사쿠오)입니다.

'είσακούω'(에이사쿠오)는 '에이스 είσ(~안으로) + 아쿠오 ακούω (듣다)'의 합성어로 **'안으로 들어가서 들었다'**는 것으로 말씀 안으로 들어갔다는 것입니다.

> "그가 아들이시면서도 받으신 고난으로 순종함을 배워서/온전하게 되셨은즉 자기에게 순종하는 모든 자에게 영원한 구원의 근원이 되시고"*(히 5:8-9)*

"온전하게"는 영어로 'Perfect'입니다.

예수님은 하나님의 말씀에 죽기까지 순종하셔서 'Perfect'하게 되셨다는 것입니다.

<u>**2) 성령의 인도와 성령의 음성을 들려주신다.**</u>

"내가 이르노니 너희는 **성령을 따라 행하라** 그리하면 육체의 욕심을 이루지 아니하리라"*(갈 5:16)*

"성령을 따라 행하라"는 '성령과 함께 하라'는 것입니다. 이는 성령의 인도를 받는, 즉 성령의 이끌림을 받는 삶을 사는 것입니다.

① 빌립 집사.

"성령이 빌립더러 이르시되 이 수레로 가까이 나아가라 하시거늘"
(행 8:29)

② 사도바울은 아시아로 가서 말씀(ὁ λόγος/호 로고스)을 전하고자 했지만, 성령께서 아시아에서 전하지 못하게 하시고 마케도냐로 보내셨습니다.

"성령이 아시아에서 말씀을 전하지 못하게 하시거늘 그들이 브루기아와 갈라디아 땅으로 다녀가/무시아 앞에 이르러 **비두니아로 가고자 애쓰되 예수의 영이 허락하지 아니하시는지라**/무시아를 지나 드로아로 내려갔는데/**밤에 환상이 바울에게 보이니 마게도냐 사람 하나가 서서 그에게 청하여 이르되 마게도냐로 건너와서 우리를 도우

     피 뿌린 옷을 입고 말씀(호 로고스) 앞에 머물면서 말을 들어라 |

라 하거늘/바울이 그 환상을 보았을 때 우리가 곧 마게도냐로 떠나
기를 힘쓰니 이는 하나님이 저 사람들에게 복음을 전하라고 우리를
부르신 줄로 인정함이러라"(행 16:6-10)

- 모든 교회는 성령의 음성을 들어야 합니다.
  교회의 모든 신도들은 귀 있는 자(성령세례를 받은 자)가 되어서
  성령의 음성을 들어야 합니다.

"귀 있는 자는 성령이 교회들에게 하시는 말씀을 들을지어다"(계 2:7)

"들을지어다"는 헬라어로 'ἀκούω'(아쿠오)인데 **명령형/Aorist시제**로
쓰여서 순간순간 성령의 음성을 들으라는 것입니다.
  우리는 매 순간순간마다 성령의 인도를 받아야 하고 성령의 음성을
들어야만 한다는 것입니다.

3) 하나님은 성령으로 말씀으로 인도하십니다

출애굽한 이스라엘 백성들은 광야에서 40년 동안 훈련을 받았습니다.
그들은 성막을 중심으로 텐트를 치고 성막을 바라보면서 살았습니다.
그러다가 구름 기둥과 불기둥이 떠오르면 텐트를 걷고 구름 기둥과 불
기둥을 따라갔고, 구름 기둥과 불기둥이 멈추면 그곳에 텐트를 치고 살
았습니다. 이런 생활이 40년입니다.

"여호와께서 그들 앞에서 가시며 낮에는 구름 기둥으로 그들의 길을 인도하시고 밤에는 불 기둥을 그들에게 비추사 낮이나 밤이나 진행하게 하시니"(출 13:21)

"그는 너희보다 먼저 그 길을 가시며 장막 칠 곳을 찾으시고 **밤에는 불로, 낮에는 구름으로 너희가 갈 길을 지시하신 자이시니라**" (신 1:33)

① 구름 기둥: 말씀을 상징합니다.

"여호와께서 구름 기둥 가운데서 그들에게 말씀하시니 그들은 그가 그들에게 주신 증거와 율례를 지켰도다"(시 99:7)

② 불 기둥: 성령을 상징합니다.

(3) 구하는 것에 응답을 준다

"구하라 그리하면 너희에게 주실 것이요 찾으라 그리하면 찾아낼 것이요 문을 두드리라 그리하면 너희에게 열릴 것이니"(마 7:7)

"구하라"는 헬라어로 'αἰτέω'(아이테오)인데 하나님께 '물어보라(Ask)'는 것입니다.
그러면 하나님께서 답해 주실 것이라는 것입니다.

 피 뿌린 옷을 입고 말씀(호 로고스) 앞에 머물면서 말을 들어라 I

"너희 중에 누구든지 지혜가 부족하거든 모든 사람에게 후히 주시
고 꾸짖지 아니하시는 하나님께 **구하라** 그리하면 주시리라"(약 1:5)

"**구하라**"는 누구든지 지혜가 부족하면 하나님께 물어보라는 말입니다.

"그러므로 내가 너희에게 말하노니 **무엇이든지 기도하고 구하는 것
은 받은 줄로 믿으라** 그리하면 너희에게 그대로 되리라"(막 11:24)

"**기도하고 구하는 것은 받은 줄로 믿으라**"는 기도(프로슈케: 하나님 뜻
대로 하는 기도)하고 물어보는 것은 받은 것이나 마찬가지라는 것입니다.

• 구약의 대제사장은 에봇을 입고 하나님께 나갔습니다.

"너는 **우림과 둠밈을 판결 흉패 안에 넣어 아론이 여호와 앞에 들어
갈 때에 그의 가슴에 붙이게 하라** 아론은 여호와 앞에서 이스라엘 자
손의 흉패를 항상 그의 가슴에 붙일지니라"(출 28:30)

에봇의 흉패 안에는 우림과 둠밈이 있어서 대제사장이 하나님께 구
할 때(Ask) 하나님께서는 우림과 둠밈으로 말씀하셨습니다.

• 성경에서 'αἰτέω'(아이테오)를 가장 잘한 사람은 누구일까요? 다
윗입니다.

"이에 다윗이 여호와께 묻자와 이르되 내가 가서 이 블레셋 사람들을 치리이까 여호와께서 다윗에게 이르시되 가서 블레셋 사람들을 치고 그일라를 구원하라 하시니/다윗의 사람들이 그에게 이르되 보소서 우리가 유다에 있기도 두렵거든 하물며 그일라에 가서 블레셋 사람들의 군대를 치는 일이리이까 한지라/다윗이 여호와께 다시 묻자온대 여호와께서 대답하여 이르시되 일어나 그일라로 내려가라 내가 블레셋 사람들을 네 손에 넘기리라 하신지라"(삼상 23:2-4)

"다윗이 여호와께 묻자와 이르되 내가 이 군대를 추격하면 따라잡겠나이까 하니 여호와께서 그에게 대답하시되 그를 쫓아가라 네가 반드시 따라잡고 도로 찾으리라"(삼상 30:8)

"그 후에 다윗이 여호와께 여쭈어 아뢰되 내가 유다 한 성읍으로 올라가리이까 여호와께서 이르시되 올라가라 다윗이 아뢰되 어디로 가리이까 이르시되 헤브론으로 갈지니라"(삼하 2:1)

"다윗이 여호와께 여쭈어 이르되 내가 블레셋 사람에게로 올라가리이까 여호와께서 그들을 내 손에 넘기시겠나이까 하니 여호와께서 다윗에게 말씀하시되 올라가라 내가 반드시 블레셋 사람을 네 손에 넘기리라 하신지라"(삼하 5:19)

◪ "하나님의 대사" 김하중 장로가 받은 응답 중

하나님께서 "이제 너는 나의 말에 민감하라. 너는 나에게 물어라. 아무리 사소한 일이라도 결정하기 전에 기도하라. 내가 이제부터 네가 하는 모든 기도에 응답할 것이다. 너는 내가 말하기 전에는 한

발짝도 나가지 마라. 중요한 것만 묻지 말고 사소한 일도 모두 물어라. 그리하면 내가 다 가르쳐줄 것이다"하셨다고 합니다.

그래서 오늘 넥타이는 무엇을 매야 하는지부터….

이를 두고 부채 도사냐고 비아냥거리는 사람들도 있고, 직통 계시라고 하면서 이단시하기도 합니다. 누가 그러는 것입니까? 다 목사와 신학자들입니다. 참으로 서글픈 현실이 아닐 수 없습니다.

3. 피 뿌린 옷을 입고 계신 말씀(호 로고스)로 승리하게 된다

"또 그가 피 뿌린 옷을 입었는데 그 이름은 하나님의 말씀이라 칭하더라"(계 19:13)

*"또 우리 형제들이 **어린 양의 피와 자기들이 증언하는 말씀으로써 그를 이겼으니** 그들은 죽기까지 자기들의 생명을 아끼지 아니하였도다"(계 12:11)*

피 뿌린 옷을 입고 말씀으로 이기는 것입니다.

*"하늘에 있는 군대들이 희고 깨끗한 세마포 옷을 입고 백마를 타고 그를 따르더라/**그의 입에서 예리한 검이 나오니 그것으로 만국을 치겠고 친히 그들을 철장으로 다스리며** 또 친히 하나님 곧 전능하신 이의 맹렬한 진노의 포도주 틀을 밟겠고"(계 19:14-15)*

임마누엘은 좁은 문
좁은 길이다

"좁은 문으로 들어가라 멸망으로 인도하는 문은 크고 그 길이 넓어
그리로 들어가는 자가 많고/생명으로 인도하는 문은 좁고 길이 협착
하여 찾는 자가 적음이라"(마 7:13-14)

1. 마태복음의 주제는?

저자가 글을 쓸 때에는 목적과 주제를 가지고 글을 쓰게 됩니다. 만약 목적도 없고 주제도 없다면 그 글은 중구난방(衆口難防)이 될 것입니다. 그래서 모든 글에는 주제가 있습니다. 각 성경마다 주제가 있을까요? 없을까요? 물론 각 성경마다 주제가 있습니다. 성경의 저자들은 분명한 목적을 갖고 성경을 쓴 것입니다. 그렇다면 성경 전체에 대한 주제는 무엇일까요? 성경의 주제는 '하나님 나라'로 성경은 **하나님 나라**에 대해서 기록한 책입니다.

다시 돌아와서 저자가 그 글의 주제를 '앞에 두고 쓰느냐? 아니면 그 주제를 뒤에 두고 쓰느냐?'에 따라서 전자는 두괄식(頭括式)이라고 하고, 후자는 미괄식(尾括式)이라고 합니다. 그렇다면 성경은 두괄식일까

  피 뿌린 옷을 입고 말씀(호 로고스) 앞에 머물면서 말을 들어라ㅣ

요? 아니면 미괄식일까요? 성경은 **두괄식**입니다. 두괄식이라는 것은 그 주제가 앞에 있다는 것입니다.

그래서 우리가 각 성경을 볼 때에 각 성경의 1장을 유심히 보아야 합니다. 1장에서 성경의 주제를 찾아내고 성경을 보아야 합니다. 만약에 성경의 주제를 찾아내지 못하고 성경을 본다면 성경의 저자가 말하고자 하는 의도를 모르기 때문에 그 성경의 말씀을 이해할 수가 없게 되는 것입니다. 그러나 각 성경의 주제를 알고 성경을 본다면 성경이 말씀하고자 하는 의미를 쉽게 알 수가 있습니다.

보통은 이것이 안 되기 때문에 유명하고 좋아하는 구절만을 보게 되고 또 그 구절만 알고 암송하게 됩니다. 그 구절이 어떻게 해서 쓰여졌으며 그 구절의 의미가 무엇인지와는 상관이 없이 말입니다.

왜 각 성경의 주제를 아는 것이 중요하냐면 각 성경의 주제가 각 성경 전체에 영향을 미치기 때문입니다.

마태복음을 예를 들면 마태복음의 주제는 무엇인가입니다.

*"보라 처녀가 잉태하여 아들을 낳을 것이요 **그의 이름은 임마누엘이라 하리라** 하셨으니 이를 번역한즉 하나님이 우리와 함께 계시다 함이라"(마 1:23)*

마태복음의 주제는 **임마누엘**입니다.

예수님께서는 좁은 문 좁은 길로 들어가라고 하셨습니다.

*"좁은 문으로 들어가라 멸망으로 인도하는 문은 크고 그 길이 넓어 그리로 들어가는 자가 많고/**생명으로 인도하는 문은 좁고 길이 협착하여 찾는 자가 적음이라**"*(마 7:13-14)

예수님께서는 좁은 문 좁은 길로 가라고 하셨는데 좁은 문 좁은 길이 무엇일까요? 다들 궁금하셨을 것입니다. 그러나 마태복음의 주제가 무엇인지를 알면 이 말씀이 무엇을 말하는지를 바로 알 것입니다. 바로 **임마누엘**에 대한 말씀입니다.

이처럼 임마누엘이 생명의 길인데 협착하여 찾는 이가 적다는 것입니다.

2. 거짓 선지자들의 가르침

*"**거짓 선지자들을 삼가라** 양의 옷을 입고 너희에게 나아오나 **속에는 노략질하는 이리라**"*(마 7:15)

거짓 선지자들은 예수님의 가르침과는 반대로 사람들을 넓은 문 넓은 길로 인도하고 있습니다.

*"좁은 문으로 들어가라 **멸망으로 인도하는 문은 크고 그 길이 넓어 그리로 들어가는 자가 많고**"*(마 7:13)

 피 뿌린 옷을 입고 말씀(호 로고스) 앞에 머물면서 말을 들어라 |

그러면 거짓 선지자들이 인도하는 넓은 문 넓은 길은 무엇일까요? 거 짓 선지자들은 "**주여! 주여!**"만 부르면 구원을 받는다고 가르칩니다.

> "나더러 **주여 주여 하는 자마다 다 천국에 들어갈 것이 아니요** 다만 하늘에 계신 내 아버지의 뜻대로 행하는 자라야 들어가리라/그 날에 많은 사람이 나더러 이르되 **주여 주여 우리가 주의 이름으로 선지자 노릇 하며 주의 이름으로 귀신을 쫓아 내며 주의 이름으로 많은 권 능을 행하지 아니하였나이까 하리니**/그 때에 내가 그들에게 밝히 말 하되 내가 너희를 도무지 알지 못하니 불법을 행하는 자들아 내게서 떠나가라 하리라"(마 7:21-23)

이것은 오늘날의 구원파와 다를 것이 하나도 없습니다. 한때 세월호 사건으로 인해서 구원파는 이단으로 정죄되고 여론의 뭇매를 맞았습니 다. 그러나 우리가 생각해 보아야 할 것은 과연 오늘날의 교회와 구원파 가 다를 것이 무엇이냐는 것입니다.

"주여! 주여!"만 부르면 구원을 받는다는 거짓 선지자들의 말은 사람 들의 귀를 즐겁게 하고 달콤하기까지 합니다. 그래서 많은 사람들이 저 들의 달콤한 말에 현혹되어서 그들을 따르는 것입니다.

> "그들이 탐심으로써 지어낸 말을 가지고 너희로 이득을 삼으니 그 들의 심판은 옛적부터 지체하지 아니하며 그들의 멸망은 잠들지 아니 하느니라"(벧후 2:3)

"**이득을 삼으니**"의 헬라어로 '**ἐμπορεύομαι**'(엠포류오마이)로 '**장사하다**' 는 의미로 저들은 신자들을 가지고 장사를 하는 것입니다.

• 예수님께서는 서기관들과 바리새인들 같은 종교 지도자들에게 진노하십니다.

*"화 있을진저 외식하는 서기관들과 바리새인들이여 **너희는 천국 문을 사람들 앞에서 닫고 너희도 들어가지 않고 들어가려 하는 자도 들어가지 못하게 하는도다**"(마 23:13)*

• 어떤 이들은 구원을 받는 게 이렇게 쉬운지 몰랐다고 말하기도 합니다. 정말 구원이 쉬운 걸까요? 모르면 쉬운 것이고, 알면 알수록 어려운 것이 구원의 길입니다.
보통 **부끄러운 구원**을 말할 때 예수님께서 십자가에 달리실 때 오른편 강도를 가리킬 때 많이 인용하는 말입니다.

*"예수께서 이르시되 내가 진실로 네게 이르노니 **오늘 네가 나와 함께 낙원에 있으리라 하시니라**"(눅 23:43)*

그래서 우리는 부끄러운 구원이라도 받도록 하기 위해서 병상에 계신 부모님에게 예수를 영접하게 하고 교회 목사님을 초빙해서 세례를 받게 함으로 천국에 갔다고 위안을 삼는 것이 현실입니다.

 피 뿌린 옷을 입고 말씀(호 로고스) 앞에 머물면서 말을 들어라 |

그러나 우리가 생각하는 것처럼 오른편의 강도가 마지막에 회개해서 낙원에 들어간 것이 아닙니다. 비록 오른편의 강도는 사형수였지만 유대인입니다.

"하나는 그 사람을 꾸짖어 **이르되** 네가 동일한 정죄를 받고서도 하나님을 두려워하지 아니하느냐/우리는 우리가 **행한 일에** 상당한 보응을 받는 것이니 이에 당연하거니와 이 사람이 **행한 것은** 옳지 않은 것이 없느니라 하고/이르되 예수여 당신의 나라에 **임하실 때에** 나를 **기억하소서** 하니"(눅 23:40-42)

"이르되, 행한 일에, 행한 것은, 임하실 때에, 기억하소서"는 모두 **Aorist시제**로 쓰여서 순간적으로 하나님의 말씀을 듣고 이와 같이 하는 말이지 스스로 하는 말이 아닌 것입니다. 비록 강도로서 사형선고를 받고 십자가에 달려서 죽지만은 순간 하나님의 말씀을 듣고 말하는 하나님의 사람이었던 것입니다. 그러므로 **의인**으로서 죽고 난 후에 낙원에 들어가는 것이지 불의한 자는 절대로 낙원에 들어가지 못합니다.

위에 종교 지도자인 서기관과 바리새인보다도 더 나은 신앙의 사람이 오른편 강도입니다.

"내가 너희에게 이르노니 **너희 의가** 서기관과 바리새인보다 더 낫지 못하면 결코 천국에 들어가지 못하리라"(마 5:20)

우리가 입을 즐겁게 하는 음식만 먹다 보면 사람이 어떻게 됩니까? 만성질환에 걸리게 되고 결국은 병들어 죽게 됩니다.

거짓 선지자들과 거짓 목사들의 정체는? 이리입니다.

> *"거짓 선지자들을 삼가라 양의 옷을 입고 너희에게 나아오나 속에는 노략질하는 이리라"(마 7:15)*

"노략질하는 이리"는 양의 모든 것을 노략질하려는 것입니다.

> *"도둑이 오는 것은 도둑질하고 죽이고 멸망시키려는 것뿐이요 내가 온 것은 양으로 생명을 얻게 하고 더 풍성히 얻게 하려는 것이라"*
> *(요 10:10)*

"도둑"이 도둑질하려는 것은 '**돈**'입니다. 도둑은 그 사람의 껍데기까지 다 벗겨 먹을 때까지 도둑질하고, 결국 그 사람을 피폐하게 만들어서 죽이고 멸망시키려는 것입니다.

- 이단들의 목적은 하나입니다. 사람들의 돈을 갈취하는 것입니다. 통일교의 문선명과 한학자는 해원식(죽은 조상의 한을 풀어 주고 구원하기 위한 의식)이라는 해괴망측한 의식을 만들어서 사람들의 돈을 뜯어내고 있습니다. 마치 중세 시대의 교황들이 행했던 연옥설을 연상시킬 정도로 말입니다.

 피 뿌린 옷을 입고 말씀(호 로고스) 앞에 머물면서 말을 들어라 I

통일교는 1~7대는 직계, 모계 각 70만 원을 내서 해원식을 해야 한다고 하고, 조상이 총 430대인데 7대에 5만 원씩을 내서 430대까지 해야 한다는 것입니다.

사도바울은 에베소 교회의 장로들에게 다음과 같이 말합니다.

*"내가 떠난 후에 **사나운 이리**가 여러분에게 들어와서 그 양 떼를 아끼지 아니하며/또한 여러분 중에서도 제자들을 끌어 자기를 따르게 하려고 **어그러진 말**을 하는 사람들이 일어날 줄을 내가 아노라/그러므로 여러분이 **일깨어** 내가 삼 년이나 밤낮 쉬지 않고 눈물로 각 사람을 훈계하던 것을 기억하라"(행 20:29-31)*

"사나운 이리"는 외부에서 오는 적으로 거짓 선지자와 같은 자들이며, **"어그러진 말"**은 내부에서 다른 복음을 전해 자신을 추종하게 하여서 어그러진 길로 인도 할 것이라는 것입니다. 그래서 사도바울은 **깨어 있으라**고 합니다.

"일깨어"는 헬라어로 γρηγορέω(그레고레오)인데 영어로 'Watch'입니다. **명령형/현재시제**로 쓰였기 때문에 'Watching'입니다. **항상 지성소에 들어가서 하나님을 바라보라**는 것입니다.

깨어 있지 않으면 사나운 이리의 먹잇감이 되고, 깨어 있지 않으면 어그러진 길로 가게 됩니다.

- 성경은 하나님 아버지의 자녀들에게 성령세례(성령으로 충만)를 받기 위해서 기도하라고 하고, 성령세례를 받음으로 아들이 되었으면, 하나님 아버지의 일을 하기 위해서는 임마누엘 하라고 합니다. 그리고 여기에 더해 하나님의 음성을 듣고 100% 순종하라고 하니 누가 이렇게 복잡하고 어려운 길을 가려고 하겠습니까?

그런데 이렇게 좁은 문 좁은 길을 가는 사람들을 격려하지는 못해도 하나님의 음성을 듣는다고 직통 계시 운운하면서 이단으로 매도하는 이들이 있습니다. 완전히 놀부심보로 남이 잘되는 꼴을 못 보는 같이 죽자는 것입니다.

여러분 유대인들은 신앙이라는 것이 무엇인지를 너무나 잘 알고 있는 사람들입니다. 야고보 사도가 욥에 대해서 말씀하는 것을 유대인들은 다 알아들었다는 것입니다.

*"보라 인내하는 자를 우리가 복되다 하나니 **너희가 욥의 인내를 들었고** 주께서 주신 결말을 보았거니와 주는 가장 자비하시고 긍휼히 여기시는 이시니라"(약 5:11)*

그렇다면 누구만 모르는 것입니까? 이방인이었던 오늘날의 우리들입니다.

(1) 열두 명의 제자들 중에 세 명의 제자들만이 임마누엘이 되었다

겟세마네 동산에 열한 명의 제자들에게 예수님께서 하시는 말씀이 달랐습니다.

1) 예수님께서 세 명의 제자들에게 하시는 말씀은?

"이에 말씀하시되 내 마음이 매우 고민하여 죽게 되었으니 너희는 여기 머물러 **나와 함께 깨어 있으라** 하시고"(마 26:38)

2) 예수님께서 여덟 명의 제자들에게 하시는 말씀은?

"이에 예수께서 제자들과 함께 겟세마네라 하는 곳에 이르러 제자들에게 이르시되 내가 저기 가서 기도할 동안에 **너희는 여기 앉아 있으라** 하시고"(마 26:36)

3) 나머지 제자 중 하나인 가룟 유다는 겟세마네 동산에도 함께 하지 않았으며 오히려 그 시간에 예수님을 돈 받고 팔아먹고 있었습니다.

(2) 사도 바울은 3년 동안 아라비아 광야에 머물렀다

사도바울은 부활하신 주님을 만나고 난 후에 바로 사역을 시작한 것이 아닙니다. 아라비아 광야에서 삼 년을 훈련받고 시험을 통과한 후에야 비로서 제자들과 함께 할 수 있었던 것입니다.

*"또 나보다 먼저 사도 된 자들을 만나려고 예루살렘으로 가지 아니하고 **아라비아로 갔다가** 다시 다메섹으로 돌아갔노라/**그 후 삼 년 만에** 내가 게바를 방문하려고 예루살렘에 올라가서 그와 함께 십오 일을 머무는 동안"(갈 1:17-18)*

4. 우리도 임마누엘을 결단하였다면 3년 이상 할 각오로 해야 한다

요한계시록에는 십사만사천이라는 숫자가 나오는데 이는 구원받은 하나님 백성의 총수이며 하늘의 군대들을 나타내는 숫자입니다.

*"**하늘에 있는 군대들이** 희고 깨끗한 세마포 옷을 입고 백마를 타고 그를 따르더라"(계 19:14)*

*"또 내가 보니 보라 **어린 양이 시온 산에 섰고 그와 함께 십사만사천이 서 있는데** 그들의 이마에는 어린 양의 이름과 그 아버지의 이름을 쓴 것이 있더라/내가 하늘에서 나는 소리를 들으니 많은 물 소리*

 피 뿌린 옷을 입고 말씀(호 로고스) 앞에 머물면서 말을 들어라 I

와도 같고 큰 우렛소리와도 같은데 내가 들은 소리는 거문고 타는 자
들이 그 거문고를 타는 것 같더라/그들이 보좌 앞과 네 생물과 장로
들 앞에서 새 노래를 부르니 땅에서 속량함을 받은 십사만사천 밖에
는 능히 이 노래를 배울 자가 없더라/**이 사람들은 여자와 더불어 더
럽히지 아니하고 순결한 자라 어린 양이 어디로 인도하든지 따라가
는 자며 사람 가운데에서 속량함을 받아 처음 익은 열매로 하나님
과 어린 양에게 속한 자들이니**/그 입에 거짓말이 없고 흠이 없는 자
들이더라"*(계 14:1-5)*

1) 십사만사천은 시온 산에 서 있는 사람들이다

"또 내가 보니 보라 **어린 양이 시온 산에 섰고 그와 함께 십사만사천
이 서 있는데** 그들의 이마에는 어린 양의 이름과 그 아버지의 이름을
쓴 것이 있더라"*(계 14:1)*

시온 산은 다윗성이 있었던 곳으로 다윗 왕이 장막을 치고 언약궤를
두었던 곳입니다. (다윗의 장막)

**"하나님의 궤를 메고 들어가서 다윗이 그것을 위하여 친 장막 가운
데에 두고** 번제와 화목제를 하나님께 드리니라"*(대상 16:1)*

다윗 왕이 다윗성에 언약궤를 두었던 것은 언약궤(은혜의 보좌) 앞에

날마다 나가기 위한 것입니다. 이는 언약궤 앞에 나가서 하나님의 말씀
을 듣기 위함이었습니다.

> "여호와와 그의 능력을 구할지어다 **항상 그의 얼굴을 찾을지어다**"
> *(대상 16:11)*

마찬가지로 십사만사천의 하늘의 군대들이 언약궤(은혜의 보좌) 앞
에 나간 것도 다윗 왕처럼 하나님의 말씀을 듣기 위해 나간 것입니다.

하나님께서는 십사만사천의 하늘의 군대들을 통해서 이 땅에 하나님
나라를 세우려고 하시기 때문입니다.

> **"하늘에 있는 군대들이** 희고 깨끗한 세마포 옷을 입고 백마를 타고
> 그를 따르더라/그의 입에서 예리한 검이 나오니 그것으로 만국을 치
> 겠고 친히 그들을 철장으로 다스리며 또 친히 하나님 곧 전능하신
> 이의 맹렬한 진노의 포도주 틀을 밟겠고"*(계 19:14-15)*

14절에서 **"그를 따르더라"** 에서 십사만사천은 오직 왕이신 그리스도
를 따르는 자들입니다. 또 15절에서 **"그의 입에서 예리한 검이 나오니
그것으로 만국을 치겠고 친히 그들을 철장으로 다스리며"**는 하나님 나
라의 싸움은 대장이신 그리스도께서 싸우시는 싸움이지 우리가 싸우
는 것이 아닙니다. 대장이신 그리스도께서는 말씀(좌우에 날선 검)으
로 싸우시는 것입니다.

 피 뿌린 옷을 입고 말씀(호 로고스) 앞에 머물면서 말을 들어라 |

2) 십사만사천의 구원받은 하나님의 백성이요, 하늘의 군대들이 되기 위해서는?

"이 사람들은 여자와 더불어 더럽히지 아니하고 순결한 자라 어린 양이 어디로 인도하든지 따라가는 자며 사람 가운데에서 속량함을 받아 처음 익은 열매로 하나님과 어린 양에게 속한 자들이니/그 입에 거짓말이 없고 흠이 없는 자들이더라"*(계 14:4-5)*

① "여자와 더불어 더럽히지 아니하고 순결한 자라"

우상을 섬겨서 영적으로 음행하지 않아야 하고 거룩하고 존귀한 자가 되어야 합니다.

"내가 하나님의 열심으로 너희를 위하여 열심을 내노니 **내가 너희를 정결한 처녀로 한 남편인 그리스도께 드리려고 중매함이로다**"
(고후 11:2)

② "어린 양이 어디로 인도하든지 따라가는 자며"

광야에서 이스라엘 백성들이 구름 기둥과 불 기둥이 떠오르면 장막(Tent)를 걷고 구름 기둥과 불 기둥이 움직이는 대로 따라가고, 또 구름 기둥과 불 기둥이 멈추면 그곳에 장막을 치고 살았듯이 늘 깨어 있어서 말씀이신 그리스도의 말씀과 성령의 인도를 받아야 합니다.

"믿음으로 아브라함은 부르심을 받았을 때에 순종하여 장래의 유업
으로 받을 땅에 나아갈새 **갈 바를 알지 못하고 나아갔으며**"(히 11:8)

③ **"속량함을 받아 처음 익은 열매로 하나님과 어린 양에게 속한 자
들이니"**

죄로부터 완전히 벗어나서 성결(聖潔)해 하나님께 드려진 자들입
니다.

"그러므로 형제들아 내가 하나님의 모든 자비하심으로 너희를 권하
노니 **너희 몸을 하나님이 기뻐하시는 거룩한 산 제물로 드리라 이는
너희가 드릴 영적 예배니라**"(롬 12:1)

④ **"그 입에는 거짓말이 없고"**

거짓의 반대로 진리입니다. 그리스도인은 말에 거짓을 버리고 오
직 진리로 말하는 자들이 되어야 합니다.

"그런즉 거짓을 버리고 각각 그 이웃과 더불어 참된 것을 말하라 이는
우리가 서로 지체가 됨이라"(엡 4:25)

진리이신 그리스도 안에 있으면 진리를 말하게 됩니다.

 피 뿌린 옷을 입고 말씀(호 로고스) 앞에 머물면서 말을 들어라 I

⑤ "흠이 없고"

완전한 자가 되어야 합니다.

"그러므로 하늘에 계신 너희 아버지의 온전하심과 같이 너희도 온전
하라"(마 5:48)

우리가 그리스도 안에 거하면서 하나님의 말씀을 듣고 순종하면 완
전하게 됩니다.

• 보통 십사만사천을 말하면 대부분이 두 가지의 거부반응을 일으
킵니다.

① 십사만사천이 구원받은 사람들의 총수라고 하면 지금 세상에 예
수를 믿는 사람들이 몇 명인데 말도 안 된다고 합니다. 비록 십사
만사천이 상징적인 숫자이기는 하지만 그만큼 구원받을 사람이 적
다는 것입니다.
② 다른 하나는 신천지라는 이단 때문일 것입니다. 이단(異端)은 한
자로 하면 '끝이 다르다'라는 것으로서 끝이 다른 것이 이단이라는
것입니다. 그러나 이것은 한자로 풀이한 것일 뿐이고 성경은 이단
을 다르게 정의합니다.

"이단에 속한 사람을 한두 번 훈계한 후에 멀리하라"(딛 3:10)

"**이단**"은 헬라어로 '*αἱρεσις*'(하이레시스)인데 영어로는 'Choose'입니다. 이는 **무언가를 선택하는 것**이 이단이라는 의미입니다. 이단은 복음처럼 만들어 놓고 선택하게 하는 것입니다.

아무튼 저와 여러분은 십사만사천에 들기를 소망해야 하고, 반드시 십사만사천의 하늘의 군대들이 되어서 지구를 살려야 합니다.

 피 뿌린 옷을 입고 말씀(호 로고스) 앞에 머물면서 말을 들어라 l

관상기도(성령의 임재 기도)의 실재

관상(觀想)이란? '觀: 볼 관, 想: 생각 상'으로 '마음의 상을 바라본다'는 뜻입니다. (내적 시선으로 바라보는 것입니다.)

관상은 영어로는 'Contemplation'으로 'Con'은 '함께'라는 뜻이고, 'temple'은 '관찰하기로 표시된 특별한 장소', '성전' 등의 뜻입니다.

예수님께서는 예수님 자신이 성전이라고 하셨습니다.

"예수께서 대답하여 이르시되 **너희가 이 성전을 헐라** 내가 사흘 동안에 일으키리라/유대인들이 이르되 이 성전은 사십육 년 동안에 지었거늘 네가 삼 일 동안에 일으키겠느냐 하더라/그러나 **예수는 성전된 자기 육체를 가리켜 말씀하신 것이라**"(요 2:19-21)

예수님이 성전인 것은 예수님 안에 하나님 아버지께서 거하시고 계셨기 때문입니다.

"**내가 아버지 안에 거하고 아버지는 내 안에 계신 것을 네가 믿지 아니하느냐** 내가 너희에게 이르는 말은 스스로 하는 것이 아니라 아버

 피 뿌린 옷을 입고 말씀(호 로고스) 앞에 머물면서 말을 들어라 |

지께서 내 안에 계셔서 그의 일을 하시는 것이라/**내가 아버지 안에 거
하고 아버지께서 내 안에 계심을 믿으라** 그렇지 못하겠거든 행하는
그 일로 말미암아 나를 믿으라"(요 14:10-11)

사람들은 왜 성전 건물이 아닌 예수님께로 나가야 합니까? 예수님 안
에 하나님 아버지께서 거하시기 때문입니다. 당시 헤롯 성전에는 하나
님께서 계시지 않으셨습니다. (법궤가 없음)

구약성경에서 다윗은 블레셋에 빼앗겼던 법궤(언약궤)를 되찾았지
만, 다윗은 법궤를 원래 있었던 성막에 두는 것이 아니라 시온에 다윗이
친 장막에 법궤를 둔 것과 같습니다.

**"하나님의 궤를 메고 들어가서 다윗이 그것을 위하여 친 장막 가운
데에 두고** 번제와 화목제를 하나님께 드리니라"(대상 16:1)

다윗은 성막을 감독하도록 하기 위해 **사독**을 **제사장으로 임명**하고
전통적인 제사와 모임이 이전과 동일하게 성막에서 계속되도록 했습
니다.

"제사장 사독과 그의 형제 제사장들에게 기브온 산당에서 여호와의
성막 앞에 모시게 하여"(대상 16:39)

여러분 하나님은 어디에 계시는 것입니까? 성막입니까? 다윗의 장막입니까?

하나님께 나가려면 어디로 나가야 합니까? 그동안 전통적으로 습관적으로 해 왔기 때문에 성막으로 나가야 하는 것입니까? 아니면 하나님의 얼굴을 만나는 다윗의 장막으로 나가야 합니까?

그러나 하나님의 얼굴을 구하는 자만이 다윗의 장막으로 나갔습니다.

"여호와와 그의 능력을 구할지어다 항상 그의 얼굴을 찾을지어다"
(대상 16:11)

오늘날의 성전은? 그리스도인들의 몸을 성전이라고 합니다.

"너희는 **너희가 하나님의 성전인 것과** 하나님의 성령이 너희 안에 계시는 것을 알지 못하느냐"(고전 3:16)

하나님의 아들이신 그리스도(호 로고스)께서는 우리 안에 거하시기 때문입니다.

"**말씀이 육신이 되어 우리 가운데 거하시매** 우리가 그의 영광을 보니 아버지의 독생자의 영광이요 은혜와 진리가 충만하더라"(요 1:14)

　피 뿌린 옷을 입고 말씀(호 로고스) 앞에 머물면서 말을 들어라 |

하나님의 보좌 우편에 앉아 계신 말씀이신 그리스도께서 우리 안에 거하시는 계시는 것입니다.

여러분들은 궁금하지 않으십니까? 우리의 몸이 성전이라고 하는데 그렇다면 말씀이신 그리스도(호 로고스)께서는 '우리 몸 안 어디에 계시는가?'입니다. 보통 우리는 우리의 마음(심령 천국)에 계신다고 하면서 가슴을 가리킵니다.

여러분에게 질문하겠습니다. 마음은 어디에 있는 것입니까?

- 마음을 현대 과학은 뇌의 작용으로 보고, 과거 동양에서는 심장으로 보았습니다.
  현대적 관점은 '뇌 활동 + 신체 상태 + 지능, 의식, 감정의 복합적 현상'으로 이해합니다.

1. 우리 몸 안 어디에 지성소가 있는가?

(1) 구약: 야곱의 허벅지 관절

구약성경 말씀 가운데 우리가 이해하지 못하는 많은 말씀이 있는데,

그중 하나가 하나님께서 야곱의 관절을 치셨다는 말씀입니다.

> "자기가 야곱을 이기지 못함을 보고 **그가 야곱의 허벅지 관절을
> 치매** 야곱의 **허벅지 관절이** 그 사람과 씨름할 때에 어긋났더라"
> (창 32:25)
> "그 사람이 야곱의 **허벅지 관절에 있는 둔부의 힘줄을 쳤으므로** 이
> 스라엘 사람들이 지금까지 허벅지 관절에 있는 둔부의 힘줄을 먹지
> 아니하더라"(창 32:32)

"**관절**"은 히브리어 '**כַּף**'(카프)로 '**움푹 들어간 곳**'이라는 말입니다. 이
는 **배의 아랫부분**인 **자궁(단전)을** 가리키는 것으로 바로 자궁이 **지성
소**인 것입니다.

(2) 신약: 배에서 생수의 강이 흘러나오리라

신약성경 말씀 중에도 우리가 이해하지 못하는 말씀들이 있는데, 그중
하나가 그 배에서 생수의 강이 흘러나오리라는 말씀입니다.

> "나를 믿는 자는 성경에 이름과 같이 **그 배에서 생수의 강이 흘러나
> 오리라** 하시니/이는 그를 믿는 자들이 받을 성령을 가리켜 말씀하신
> 것이라(예수께서 아직 영광을 받지 않으셨으므로 성령이 아직 그들에
> 게 계시지 아니하시더라)"(요 7:38-39)

　피 뿌린 옷을 입고 말씀(호 로고스) 앞에 머물면서 말을 들어라 I

"배에서 생수의 강이 흘러나오리라"에서 "배에서"의 헬라어는 'κοιλία' (코일리아)로 '창자'라는 뜻으로 **배꼽 아랫부분인 자궁(단전)**'을 말합니다.

"**생수**"는 '말씀'을 상징하는데 말씀이 배 곧 지성소에서 나온다는 것입니다.

• 하나님의 보좌에서 음성(말씀)이 나옵니다.

"보좌에서 음성이 나서 이르시되 하나님의 종들 곧 그를 경외하는 너희들아 작은 자나 큰 자나 다 우리 하나님께 찬송하라 하더라" *(계 19:5)*

• 에스겔서에서는 성전 문에서 물이 나옵니다.

"그가 나를 데리고 **성전 문에 이르시니** 성전의 앞면이 동쪽을 향하였는데 그 문지방 밑에서 물이 나와 동쪽으로 흐르다가 성전 오른쪽 **제단 남쪽으로 흘러 내리더라**/그가 또 나를 데리고 북문으로 나가서 바깥 길로 꺾여 동쪽을 향한 바깥 문에 이르시기로 본즉 **물이 그 오른쪽에서 스며 나오더라**/그 사람이 손에 줄을 잡고 동쪽으로 나아가며 천 척을 측량한 후에 내게 그 물을 건너게 하시니 **물이 발목에 오**르더니/다시 천 척을 측량하고 내게 물을 건너게 하시니 **물이 무릎에** 오르고 다시 천 척을 측량하고 내게 물을 건너게 하시니 **물이 허리에** 오르고/다시 천 척을 측량하시니 물이 내가 건너지 못할 강이 된지라

그 물이 가득하여 헤엄칠 만한 물이요 사람이 능히 건너지 못할 강

이더라"(겔 47:1-5)

우리가 관상기도(성령의 임재 기도)를 할 때에 우리 몸의 지성소인 자궁(단전)을 의식적으로 바라보며 나가야 합니다.

2. 일반적인 관상기도(성령의 임재 기도)를 하려면?

(1) 시간

매일 규칙적으로 기도 할 수 있는 시간을 선택합니다.

(2) 장소

조용한 곳(소음이 없고 방해를 받지 않는 곳을 선택한다.)

(3) 자세

① 편안히 앉는다.

② **등**을 곧게 세운다.

의자에 앉아 엉덩이를 등받이에서 1/3 정도의 거리를 띄고 앉고,

등을 등받이에 기대어 허리를 쭉 편다.

③ **턱**을 약간 안으로 당긴다.

④ **눈**을 감는다.

 피 뿌린 옷을 입고 말씀(호 로고스) 앞에 머물면서 말을 들어라 I

⑤ **손**은 자신이 가장 편안한 자세를 취한다.

⑥ **호흡**은 복식호흡을 한다.

숨을 천천히 들여 마시고(약 2초), 천천히(약 2초) 내쉬기를 반복
한다.

(4) 기도 시간

30분에서 1시간 정도로 한다.

(5) 마침기도

주기도문으로 마친다.

(6) 준비물

노트와 볼펜을 준비한다.

주님께서 주시는 말씀이나 갑자기 떠오르는 생각들을 적는다.

3. 관상기도(성령의 임재 기도)를 어느 정도 해야지 하나님을 만나고 음성을 들을 수 있는가?

(1) 예수님의 열두 제자들을 보면 3년을 넘게 예수님께서 하시는 것을 보고, 배우며 훈련을 받았다

1) 겟세마네 동산에서 여덟 명의 제자들에게 하시는 말씀은?

"이에 예수께서 제자들과 함께 겟세마네라 하는 곳에 이르러 제자들에게 이르시되 내가 저기 가서 기도할 동안에 너희는 **여기 앉아 있으라** 하시고"(마 26:36)

2) 겟세마네 동산에서 세 명의 제자들에게 하시는 말씀은?

"이에 말씀하시되 내 마음이 매우 고민하여 죽게 되었으니 너희는 여기 머물러 **나와 함께 깨어 있으라** 하시고"(마 26:38)
"제자들에게 오사 **그 자는 것을 보시고** 베드로에게 말씀하시되 너희가 나와 함께 한 시간도 이렇게 깨어 있을 수 없더냐"(마 26:40)

(2) 사도바울은 3년간 아라비아 광야에 머물렀다

"또 나보다 먼저 사도 된 자들을 만나려고 예루살렘으로 가지 아니하고 아라비아로 갔다가 다시 다메섹으로 돌아갔노라/그 후 삼 년 만에 내가 게바를 방문하려고 예루살렘에 올라가서 그와 함께 십오 일을 머무는 동안"(갈 1:17-18)

(3) 우리도 최소 3년 이상을 해야 할 각오로 해야 한다

서두르지 말고 여유를 가져야 하는 것이 이 때문입니다.

 피 뿌린 옷을 입고 말씀(호 로고스) 앞에 머물면서 말을 들어라 l

- 예수님은 40일을 광야에 머무셨는데 우리는 왜 3년 이상을 해야 하는가?

*"시험에 들지 않게 깨어 기도하라 **마음에는 원이로되 육신이 약하도다** 하시고"(마 26:41)*

4. 관상기도(성령의 임재 기도)의 실재

① 지성소가 자궁(단전)에 있음을 의식하면서 지성소로 나가야 합니다. 처음에는 쉽지가 않을 것입니다. 길도 사람이 다니지 않으면 수풀이 무성하게 되고, 나무가 자라서 길을 막아 결국 길이 없어지게 됩니다. 내가 지성소로 나간 적이 없다면 지금 캄보디아의 '앙코르 와트 사원'처럼 되어 있는 것입니다.

방법이 없습니다. 풀을 뽑고, 베고, 나무를 자르면서 길을 내어서 지성소로 나가야 합니다. 왜냐하면 반드시 나가야 하기 때문입니다. 중요한 것은 포기하지 않는 것이며, 계속해서 될 때까지 시도하는 것뿐입니다.

② 요한복음 6장 56절의 말씀을 따라서 '**주님의 살을 먹고 주님의 피를 마시며 주께 가오니 주님 오시옵소서!**'라고 몇 번을 반복합니다.

*"내 살을 먹고 내 피를 마시는 자는 **내 안에 거하고 나도 그의 안에 거하나니**"(요 6:56)*

주님의 보혈 안에서 주님의 강한 육신으로 하나님 아버지께 나가는 것입니다.

③ 이때부터는 소리를 내지 않고 속으로 말해야 합니다. 그래서 침묵기도라고 합니다.

④ 코로 복식호흡을 하는데 약 2초 정도 코로 천천히 숨을 들여 마시면서 의식적으로 '**성령님 인도하소서**'라고 속으로 성령의 인도를 구합니다. 그리고 천천히 코로 숨을 내쉬면서 내 안에 더러운 것들이 나가는 것을 상상합니다.

*"여호와 하나님이 땅의 흙으로 사람을 지으시고 **생기를 그 코에 불어넣으시니 사람이 생령이 되니라**"(창 2:7)*

"**생기**"는 히브리어로 **בְּאַפָּיו נִשְׁמַת**'(베아파우 니쉬마트)입니다.
'베아파우 **בְּאַפָּיו**'는 '베 **בְּ**(전치사) + 아파우 **אַף**(코)'로 전치사 '**בְּ**(베)'는 '**집**'이라는 전치사이고 '**נִשְׁמַת**'(니쉬마트)는 '**숨**'이라는 말입니다.
이는 '숨이 코를 통해서 배로 들어간다'는 것으로서, 이 의미는 '**영이신 하나님이 인간 안에 들어오셔서 집을 만드시고 계신다**'는 것입니다.
우리가 코로 숨을 깊게 들이마시면 아랫배(단전)에 이릅니다.
(하나님은 숨을 통하여 오시며, 코는 하나님 집으로 들어가는 입구입니다.)

⑤ 주님께서 임재하셨다는 것이 느껴질 때 '**주님 제가 왔습니다**', '**아버지 제가 왔습니다!**'라고 속으로 합니다.

⑥ 이때부터는 기다리는 것입니다. 만나 주실 때까지, 말씀하실 때까지 무제한의 기다림의 시간입니다.

그래서 관상기도(성령의 임재 기도)를 **수동적인 기도**라고 합니다. 주님께서 만나 주실 때까지 주님께서 말씀하실 때까지 기다리는 기도이기 때문입니다.

⑦ 갑자기 떠오르는 생각과 말씀이 있으면 노트에 적습니다.

⑧ 매일 정기적으로 관상기도 하는 것 외에도 갑자기 성령께서 기도하고자 하는 마음을 주시면(Push한다) 순종해서 기도해야 합니다.

*"다만 이뿐 아니라 우리가 환난 중에도 즐거워하나니 이는 **환난은 인내를,**"(롬 5:3)*

5. 관상기도(성령의 임재 기도)의 체험

(1) 보통 임재에 들어가기까지는 20~30분 정도 걸리기도 합니다

끊임없는 수련을 통해서 시간을 단축해 나가게 됩니다.

(2) 잡생각이 들어오면 호흡을 크게 하면 떠나게 됩니다

그래도 떠나지 않는다면 의식적으로 떨쳐버려야 합니다.

(3) 지성소에 들어간 증거로 때론 배(자궁[단전])에 요동(Moving)이 있을 것입니다

그리고 여러 가지 신비체험을 하기도 할 것입니다. 그러나 관상기도의 목적은 신비체험이 목적이 아니라 하나님을 만나는 것임을 잊지 말아야 합니다.

■ 관상기도 중에 황홀한 체험을 합니다

① 베드로

"그가 시장하여 먹고자 하매 사람들이 준비할 때에 황홀한 중에/하늘이 열리며 한 그릇이 내려오는 것을 보니 큰 보자기 같고 네 귀를 매어 땅에 드리웠더라/그 안에는 땅에 있는 각종 네 발 가진 짐승과 기는 것과 공중에 나는 것들이 있더라"(행 10:10-12)

② 바울

"후에 내가 예루살렘으로 돌아와서 성전에서 기도할 때에 황홀한 중에/보매 주께서 내게 말씀하시되 속히 예루살렘에서 나가라 그들은 네가 내게 대하여 증언하는 말을 듣지 아니하리라 하시거늘"
(행 22:17-18)

 피 뿌린 옷을 입고 말씀(호 로고스) 앞에 머물면서 말을 들어라 l

■ 사도바울의 셋째 하늘(낙원)

"무익하나마 내가 부득불 자랑하노니 주의 환상과 계시를 말하리라/
내가 그리스도 안에 있는 한 사람을 아노니 그는 십사 년 전에 셋째
하늘에 이끌려 간 자라(그가 몸 안에 있었는지 몸 밖에 있었는지 나
는 모르거니와 하나님은 아시느니라)/내가 이런 사람을 아노니(그가
몸 안에 있었는지 몸 밖에 있었는지 나는 모르거니와 하나님은 아시
느니라)/그가 낙원으로 이끌려 가서 말로 표현할 수 없는 말을 들었
으니 사람이 가히 이르지 못할 말이로다"(고후 12:1-4)

6. 관상기도(성령의 임재 기도) 안에서 하나님의 말씀을 듣고, 교제를 통해서 하나님의 뜻을 알게 된다

하나님의 뜻을 알게 되면 하나님 뜻이 이루어지기를 기도(프로슈케/
προσευχή) 할 수 있게 됩니다.

■ 주기도문

"나라가 임하시오며 뜻이 하늘에서 이루어진 것 같이 땅에서도 이루
어지이다"(마 6:10)

그리고 하나님의 뜻을 알게 되면 하나님 뜻대로 일(사역)을 할 수 있게 되어서 이 세상에 하나님 나라를 세워가게 됩니다. 이때 하나님 나라의 상속자가 되는 것입니다.

이 세대를 함께 살아가는 동역자 여러분! 여러분을 향하신 하나님의 뜻을 알고, 하나님 뜻대로 일(사역)을 하셔서 하나님의 언약인 하나님 나라의 상속자가 다 되시길 바랍니다.

피 뿌린 옷을 입고 말씀(호 로고스) 앞에 머물면서 말을 들어라 I

피 뿌린 옷을 입고 말씀 앞에 머물러라 I

(ὁ λόγος)

초판 1쇄 발행 2026년 4월 16일

지은이   이진원
펴낸이   이기봉
편집   좋은땅 편집팀
펴낸곳   도서출판 좋은땅
주소   서울특별시 마포구 양화로12길 26 지월드빌딩 (서교동 395-7)
전화   02)374-8616~7
팩스   02)374-8614
이메일   gworldbook@naver.com
홈페이지   www.g-world.co.kr

ISBN   979-11-388-5685-0 (03230)